MensSana

Im Knaur Taschenbuch Verlag ist bereits folgendes Buch der Autorin erschienen:

Sehen Tote wirklich alles?

Über die Autorin:

Concetta Bertoldi ist ein Medium, das vom englischen Königshaus, von amerikanischen Stars, Politikern und vielen anderen Menschen zu Rate gezogen wird. Zusammen mit ihrem Mann lebt sie in New Jersey.
Weitere Informationen unter: www.concettabertoldi.com

Concetta Bertoldi

WISSEN TOTE, WAS WIR DENKEN?

Neue Auskünfte über das Leben im Jenseits

Aus dem Englischen von
Gisela Merz-Busch

MensSana

Die amerikanische Originalausgabe erschien 2009 unter dem Titel
»Do Dead People Walk Their Dogs?« bei HarperCollins Publishers, New York.

Besuchen Sie uns im Internet:
www.knaur.de
Alle Titel aus dem Bereich MensSana finden Sie
im Internet unter: www.mens-sana.de

FSC
www.fsc.org
MIX
Papier aus verantwortungsvollen Quellen
FSC® C014496

Vollständige Taschenbuchausgabe März 2012

Redaktion: Ralf Lay
Umschlaggestaltung: ZERO Werbeagentur, München
Umschlagabbildung: Riser © Johannes Kroemer
Satz: Adobe InDesign im Verlag
Druck und Bindung: GGP Media GmbH, Pößneck
Printed in Germany
ISBN 978-3-426-87497-4

2 4 5 3 1

Dieses Buch widme ich meiner Mutter Eleanor Hackett Ferrell, die es trotz einer schrecklichen Kindheit geschafft hat, eine wunderbare Ehefrau und Mutter zu werden. Ich werde nie aufhören, dich zu lieben.

Einleitung

Seit mein erstes Buch *Sehen Tote wirklich alles?* erschienen ist, bekam ich von überall her Briefe oder E-Mails. Die Leser berichteten, auch sie hätten unter der Dusche und an anderen intimen Orten Begegnungen mit sehr »lebendigen« Geistern gehabt.

Die vielfach geäußerte Sorge, dass uns Tote völlig nackt sehen könnten, fand ich dabei schon bemerkenswert. Geht es nicht ums Badezimmer, dann haben die Menschen Angst, dass die Geister ihnen über die Schulter und auf andere Körperteile schauen könnten, etwa wenn sie im Bett liegen. Da frage ich mich doch, was sie dort um Himmels willen machen, dass sie solche Bedenken haben! Befürchten sie vielleicht, dass Polizisten ihre Tür aufbrechen und – die Handschellen griffbereit – rufen könnten: »Hören Sie sofort damit auf! Wir haben gerade eine Beschwerde von einem Toten bekommen«?

Wie auch immer, die Mail einer Frau namens Diane mag selbst dahingehende Befürchtungen beschwichtigen:

> *Vor vielen Jahren (genau genommen, als ich fünfundzwanzig war) suchte ich zum ersten Mal ein Medium auf und wollte es wegen eines Umzugs ans andere Ende des Landes befragen. Sie erkundigte sich sofort, ob mein*

Vater verstorben sei. Schockiert bejahte ich das und erzählte ihr, wie unbehaglich mir sei, weil ich ständig das Gefühl hätte, er würde mich die ganze Zeit beobachten. Sie erwiderte: »Er sagt, Sie sollen sich keine Sorgen machen – im Bad schaut er Ihnen nicht zu.«
Ich musste lachen, weil diese Bemerkung so typisch für ihn war.

Wie Sie sich denken können, weckte mein Buch Dianes Neugier, und sie kaufte es!
Es lässt sich kaum beschreiben, wie aufregend es ist, wenn das erste eigene Buch erscheint und so positiv aufgenommen wird. Ich weiß nicht, warum es mir so wichtig war, eins zu schreiben – einer Legasthenikerin, der das Lesen seit jeher schwergefallen ist. Aber ich habe Bücher schon immer geliebt und über die Jahre sehr viele gelesen, die von anderen Medien geschrieben wurden. Vor allem zu der Zeit, als ich mich damit beschäftigte, ob und wie ich meine Fähigkeiten einsetzen würde. Seit langem sammle ich auch Bücher über Marilyn Monroe, die ich sehr verehre. Bücher lagen mir immer besonders am Herzen. Dass ich selbst eines verfasst habe, öffnete mir die Tür, so viele neue Menschen zu treffen – zum Beispiel durch Lesungen, die ich in einigen wunderbaren Buchhandlungen und Bibliotheken abhalten durfte. Eine etwa in Caldwell, New Jersey, wo mehr als hundert Zuhörer kamen, obwohl es in Strömen regnete und die Straßen überschwemmt waren, so dass man besser mit dem Boot gekommen wäre … (ich hatte meinem Ehemann John bereits gesagt, dass wir bei dem Wetter höchstens mit ein paar Enten rechnen könnten, aber ich sollte mich irren). Dann gab

es eine Veranstaltung in Hackettstown, wo mehr Zuhörer kamen, als die Buchhandlung fassen konnte, und wir ins Hotel auf der anderen Straßenseite wechseln mussten – und dergleichen mehr.

Mittlerweile wird das Buch sogar in anderen Ländern veröffentlicht! Als John und ich letztes Jahr nach Deutschland reisten, schlenderte ich in Frankfurt durch eine Buchhandlung und »sah« plötzlich mein Buch dort stehen. Ich bin sicher, dass viele frischgebackene Autoren schon so einen Tagtraum hatten, aber als ich wieder zu Hause war, rief mein Agent an und erzählte, dass er gerade die Rechte für die deutsche Übersetzung verkauft hätte. Meine Vision würde also binnen kurzem Wirklichkeit werden!

Auch wenn ich übersinnliche Kräfte habe, niemals hätte ich voraussagen können, was ich in letzter Zeit Unglaubliches erlebe: die wachsende Akzeptanz der Wahrheit, dass wir niemals endgültig sterben. Vor nur zehn Jahren hätte man diese Vorstellung als »abgefahren« angesehen. Wohin man auch schaut, gibt es heute Bücher, Fernsehshows und Filme, die sich mit der Anderen Seite beschäftigen. Zwar wird sie von manchen immer noch als gespenstischer Ort dargestellt, der von bösen Geistern besiedelt ist – das hat einen höheren Unterhaltungswert –, doch viele sehen mittlerweile aus einer realistischeren Perspektive, dass es dort in Wahrheit nichts gibt, wovor man sich fürchten müsste. Angesichts dieses wachsenden Zuspruchs trauen sich die Menschen eher, über die Andere Seite nachzudenken, und das hat eine Flut von Fragen ausgelöst. Ein Bereich, den ich im letzten Buch nicht ausführlich behandelt habe, betrifft zum Beispiel unsere

lieben vierbeinigen Freunde. Das Thema soll hier etwas eingehender besprochen werden.
Da bin ich also wieder, um noch mehr Geschichten zu erzählen, die ich selbst erlebt habe oder von denen mir meine Klienten erzählten, um Sie an weiteren karmischen Erfahrungen mit meinen Freunden und Verwandten teilhaben zu lassen. Nun ja, meine Schwiegermutter ist immer noch derselbe Drachen. Stimmt, sie behandelt mich nach wie vor als jemanden, mit dem keiner etwas zu tun haben will. Aber um ein berühmtes Wort von Abraham Lincoln abzuwandeln: Man kann manche Menschen zuweilen zufriedenstellen, man kann sogar die meisten Menschen die meiste Zeit zufriedenstellen, aber niemals alle gleichermaßen … Das ist nicht zu schaffen, also sollte man sich damit abfinden. Doch bevor ich das Thema beende, muss ich zu meiner Schwiegermutter noch etwas sagen. Dafür, dass sie fünfundachtzig Jahre alt ist, sieht sie phantastisch aus! Sie ist wirklich wunderschön. Das stimmt, das muss ich ihr lassen.
Es gibt eine Menge Fragen, die zu behandeln sind, doch ehe ich dazu übergehe, will ich nur noch sagen, es lag niemals in meiner Absicht, dass sich die Leute jetzt nicht mehr trauen, die Seife in der Dusche aufzuheben. Eines Tages kaufte ich nämlich in einem Lebensmittelladen in Boonton, New Jersey, ein, als eine Frau auf mich zukam und fragte: »Sie sind doch Concetta Bertoldi, nicht wahr?« Ich erwiderte: »Ja«, und sie sagte: »Nun, vielen Dank! Sie sind schuld daran, dass ich jetzt im Bad zumindest ein Auge offen lasse …!«
Ich? Ich bete unter der Dusche – und Sorgen mache ich mir da erst recht nicht. Gott kennt ohnehin alles.

Können sich die Toten mit uns einen Scherz erlauben?

Einmal hielt ich eine Sitzung, in der die Schwiegermutter meiner Klientin den Kontakt aufnahm. Im Gegensatz zu meinem Verhältnis mit meiner Schwiegermutter standen die beiden sich sehr nahe. Meistens kann ich feststellen, wer der Geist ist, indem ich ihn frage, auf welche Weise er auf die andere Seite wechselte, wie er gestorben ist. Und mein Klient kann das dann bestätigen. Doch in diesem Fall wollte ihre Schwiegermutter absolut nicht über so etwas reden. Immer wieder sagte sie zu mir: »Sag einfach: ›T‹ – sie weiß schon, was das bedeutet.« Nun, zumindest hatte ich keine Ahnung, was sie damit meinte. War das der Anfangsbuchstabe eines Namens von einer Person? Der erste Buchstabe eines Ortes? Wer sollte das wissen? Aber der Geist bestand darauf, also sagte ich zu meiner Klientin: »Sie meint, ich solle nur den Buchstaben T erwähnen, und Sie werden wissen, was damit gemeint ist.« Meine Klientin war verdutzt. Sie überlegte: »T? T?«, dann begann sie zu lachen: »Oh, jetzt verstehe ich das! *Tee!* Tee zum Trinken, wie eine Tasse Tee. Nachdem meine Schwiegermutter gestorben war, mussten ihre Töchter und ich das Haus ausräumen, damit es verkauft werden konnte. Und in Moms Küche gab es unzählige

Schachteln mit schwarzem Tee! Keinen englischen Frühstücks-, Pfefferminz- oder Kamillentee. Nein. Jedes Mal, wenn wir eine Schranktür öffneten, fanden wir weiteren schwarzen Tee! Meine Schwägerinnen und ich müssen immer noch darüber lachen, wie viel Tee Mom hatte.«
Offensichtlich waren sie nicht die Einzigen, die darüber lachen mussten – ihre Schwiegermutter auf der anderen Seite hatte auch ihren Spaß daran.

Ich glaube, dass Seelen, die im Diesseits sehr ernsthaft waren, lockerer werden, sobald sie auf der Anderen Seite sind. Wir sind alle sehr unterschiedlich, und nicht jeder Verstorbene entwickelt sich zum Scherzbold. Doch wenn sie das große Ganze sehen, nehmen die Dahingegangenen alles nicht mehr so schwer. Und sie schätzen es, wenn auch wir etwas gelassener sind.

Einmal kamen vier Frauen zu einer Gruppensitzung zu mir. Da sie sich überhaupt nicht ähnlich sahen, ging ich davon aus, dass sie Freundinnen und keine Schwestern waren. Es dauerte nicht lange, und ich sah hinter den vieren den Geist einer Frau stehen, die mir erzählte, sie sei an Krebs gestorben. Als ich die Frauen fragte, warum sie mit allen vieren Kontakt aufnehmen wollte und ob sie wüssten, wer sie war, nickten die vier traurig und erzählten, sie sei eine beliebte Kollegin namens Viola gewesen.
Viola strahlte eine der vier Frauen an, und ich fragte die Betreffende: »Warum erzählt mir Viola, dass Sie die Lustigste in dieser Clique waren? Und was zeigt sie mir so?«
Ich nahm einen Stift auf, mit dem ich meine Bücher signiert hatte, und zeigte auf sie. Schließlich lächelte sie.
Sie erzählte mir, dass Viola in der Zeit, als sie noch arbeiten konnte, manchmal sehr schlechte Tage hatte, und

um sie aus ihrer Niedergeschlagenheit herauszuholen, hätte sie mit ihrem Stift immer Gummibänder zu ihr herübergeschossen. Und wenn Viola einen rabenschwarzen Tag hatte, hätte sie die ganze Schachtel mit Gummibändern genommen und über Violas Kopf ausgeleert! Wie albern, und doch eine so liebevolle Geste – wir alle mögen so was, nicht wahr?

Wie kommt es, dass niederträchtige Menschen, die reich sind, ihr Vermögen immer weiter vermehren können?

Wenn wir nur das materielle Äußere betrachten, dann sieht es wirklich so aus, als ob das Leben nicht fair sei! Deshalb überrascht es auch nicht, dass dies eine der häufigsten Fragen ist, die mir gestellt werden. Warum bekommt gerade derjenige, der alle schlecht behandelt, die Beförderung und eine Gehaltserhöhung? Wie kann es sein, dass ausgerechnet ein Fiesling den Jackpot knackt? Warum trifft es nicht jemanden, der es wirklich verdient hätte? Anstatt einen, der es nicht einmal braucht! Was soll man davon halten?

Nun, der Kerl, der befördert worden ist, hat sich vielleicht beim Chef eingeschleimt, aber ich weiß, was Sie meinen. Es sieht immer so aus, als ob jene, die ohnehin schon viel haben, noch mehr bekommen, und häufig sind es ausgerechnet diejenigen, die es offensichtlich am wenigsten verdient haben. Die Antwort lautet: Wenn

Sie jemanden sehen, der viel zu haben scheint, das er nicht einmal zu schätzen weiß, und dennoch noch mehr bekommt, dann können Sie sicher sein, dass Gott ihm erneut eine Chance gibt, seine Lektion zu lernen – was es bedeutet, großzügig zu sein, einem anderen zu helfen, der weniger vom Glück begünstigt ist. Das ist die Schlichtheit der Anderen Seite: Wir bekommen immer wieder neue Chancen, wir müssen nur darauf achten. Gott braucht unsere Dankbarkeit nicht, *wir* haben es nötig, Dankbarkeit zu erfahren. *Wir* brauchen das Erlebnis, mit anderen zu teilen.

Wenn wir andere teilhaben lassen, dann ist das, was wir dafür zurückbekommen, so viel großartiger als das, was wir gegeben haben. Manche Menschen scheinen das nie zu begreifen. Doch Gott gibt ihnen immer wieder neue Chancen. Ich weiß nicht, ob es jemals einen Punkt gibt, an dem Gott die Kandidaten – zumindest für das gegenwärtige Leben – »abschreibt«, wenn die Lektion immer wieder ignoriert oder die Prüfung wiederholt nicht bestanden wird. Ich weiß es einfach nicht genau. Da ich ein Mensch wie jeder andere bin, könnte ich mir vorstellen, dass er das tut. Aber das ist *mein* Urteil – *ich* würde den vermeintlich hoffnungslosen Fall wohl irgendwann aufgeben –, doch zu urteilen steht mir nicht zu. Das ist *seine* Aufgabe. Außerdem gehört uns nichts von all dem, was wir auf Erden haben, wirklich: weder unser Auto noch unsere Kleidung, unser Haus oder unser Geld. Das Einzige, was uns wirklich gehört, ist unsere Liebe zu Gott und die Liebe zueinander. Wenn wir unsere Liebe nicht ausdrücken, indem wir unsere materiellen Besitztümer mit anderen teilen, dann werden wir bei der Prüfung durch-

fallen. Und verlassen Sie sich darauf, die nächste Lektion wird härter sein.
Darüber hinaus müssen wir uns auch in geistiger Großzügigkeit üben, etwas von uns selbst geben, nicht nur von dem, was wir haben. Wir müssen einen Kreislauf des Teilens in Gang setzen. Menschen, denen es schwerfällt, etwas anzunehmen, ziehen Menschen an, denen es schwerfällt, etwas zu geben.

Warum bekommen boshafte Kinder, die andere einschüchtern, nicht immer ihre verdiente Strafe?

Ich denke, das verhält sich so ähnlich wie bei den Leuten, die dringend etwas über das Teilen lernen müssen. Sie sollen ihre Lektion erhalten! Zumindest hoffen wir bei einem Kind, das sich so gemein verhält, dass es möglichst bald aufwacht. Ich glaube, wir alle kennen solche Menschen – ich habe beide Spielarten erlebt, jene, die dazulernen, und jene, die das nicht tun. Beispielsweise habe ich einen Klienten, über dessen brutales Verhalten ich ziemlich viel weiß. Zwar kannte ich ihn nicht als Kind, aber man kann sich gut vorstellen, dass er schon damals niederträchtig war, und beim Erwachsenwerden hat sich daran auch nichts geändert. Er hat seine Frau in der ganzen Zeit ihres Zusammenlebens mies behandelt. Er war fordernd, kontrollierend, ließ sie nicht Auto fahren, ließ sich von ihr bedienen, schrie sie an. Er misshandelte sie auf vielerlei Weise. Dann lag seine Frau im

Sterben, und wie sie so im Bett lag, schaute sie ihn kein einziges Mal mehr an, sie konzentrierte sich nur auf die Aussicht, nun bald von ihm befreit zu sein. Sie verabschiedete sich von ihrem Sohn, weigerte sich jedoch, mit ihrem Ehemann zu sprechen, was dieser gar nicht verstehen konnte. Sie ging hinüber; und ihn ließ sie in seiner eigenen schlechten Gesellschaft hier zurück. Nun fleht er mich an, Sitzungen abzuhalten, er ist von Reue erfüllt, doch auch voller Selbstmitleid. Aber es ist zu spät für ihn. Das, wonach er sich sehnt, wird er auf dieser Seite nicht mehr bekommen.

Als ich ein Kind war, gab es in unserer Klasse einen Jungen, der für sein Alter sehr groß und kräftig war, ein ziemlicher Rüpel. Aufgrund seiner Körpergröße war er den anderen Kindern überlegen und konnte sie herumstoßen, und das hat er auch bis zum Letzten ausgenutzt. Als er dann fünfzehn oder sechzehn war, starb seine Schwester. Sein ganzes Leben lag in Scherben, so ein schwerer Schlag war es für ihn. Dieser Verlust bewirkte, dass er sich veränderte. Er lehrte ihn die echten Werte, das, was wirklich wichtig war, und von da an wurde er einer der liebenswürdigsten, nettesten Menschen.

Nicht, dass jemand das missversteht. In keinem der beiden Fälle glaube ich, dass Gott die Betreffenden bestrafen wollte, indem er ihnen einen geliebten Menschen nahm. (Ich bin überzeugt davon, selbst mein Klient glaubte, dass er seine Frau liebte, auch wenn er ihr das Leben zur Hölle gemacht hatte.) Gott geht es nicht um Strafen; die Frau und die Schwester wechselten auf die Andere Seite, weil für beide ihre Zeit gekommen war, in Übereinstimmung mit ihrem eigenen Karma, aus Gründen, die nur Gott und dem Geist dieses Verstorbenen bekannt sind. Mir geht es darum, zu zeigen, dass der eine dadurch aufgewacht ist und sich verändert hat, während der andere sich sein Lebtag nicht rühren wird.

Man kann nicht früh genug bedenken, welche karmische Schuld wir auf uns laden, wenn wir anderen Menschen gegenüber herzlos handeln. Ungefähr mit dreizehn Jahren, vielleicht auch schon früher, sollte ein Kind imstande sein, das zu verstehen, und viele sehr kleine Kinder haben dieses Wissen ganz instinktiv. Im Gegensatz dazu wiederum »verbrennen« wir eine Menge Karma, wenn wir anderen Menschen mit Freundlichkeit und Güte begegnen. Sieht man böswillige Kinder, die andere schikanieren, weil sie anders oder schwächer sind, und damit durchkommen, dann heißt dies, dass Gott ihnen wieder eine Chance gibt, Freundlichkeit zu zeigen. Wenn sie Glück haben, werden ihnen die Augen aufgehen. Dann begreifen sie, wie unrecht ihr Verhalten ist, und entwickeln sich zu freundlichen und gütigen Erwachsenen, welche sich der zusätzlichen Chancen bewusst sind, die sie bekommen haben, und sind dafür dankbar.

Gott gibt aber auch jedem, der ein solches Verhalten beobachtet, die Möglichkeit, das gequälte Kind zu beschützen. Das geht uns alle etwas an – meist spielen sich derartige Verhaltensweisen vor unseren Augen ab und nicht hinter einem Vorhang. Jeder von uns kann einem unterlegenen Außenseiter Freundschaft oder Schutz anbieten.

Noch ein Letztes möchte ich zu diesem Thema sagen, und das gilt mehr den Jüngeren, die vielleicht noch nicht so viel Lebenserfahrung haben. Denkt daran, dass ein

Übeltäter immer versuchen wird, euch auf seine Seite zu ziehen. Wenn diese Typen es schaffen, dass auch ihr ihre Verhaltensweisen übernehmt, dann fühlen sie sich bestärkt. Glaubt mir, jemand, der Crack raucht, wird nur allzu glücklich sein, wenn er euch auch dazu überreden kann. Ich war einmal zu einer Hochzeit eingeladen, und beim Empfang sah ich ein Mädchen, das nicht älter als siebzehn aussah und Alkohol trank. Genauer gesagt, war sie sogar ziemlich betrunken. Noch ahnte sie nichts von dem Kater, den sie am nächsten Tag sicherlich haben würde. Also fühlte sie sich sehr »glücklich« und mit sich und ihrem Zustand zufrieden. Dann schloss sie sich einer Dreizehnjährigen an und versuchte, das jüngere Mädchen ebenfalls zum Alkoholkonsum zu überreden. Sie ging zur Bar, holte einen neuen Drink und gab ihn dem anderen Mädchen in die Hand. So läuft das immer. Und für einen Menschen, der sich schäbig verhält, ist es ein Erfolgserlebnis, wenn er einen anderen dazu bringen kann, sich genauso mies zu verhalten.

Wenn ein anderer versucht, dich in irgendeine Aktion zu verwickeln, von der du genau weißt, dass sie falsch ist – zum Beispiel ein Unrecht gegenüber einem anderen Menschen –, dann musst du stark sein. Lass dich nicht verunsichern und dir nicht von dem anderen einreden, dass seine Aktionen für dich das Richtige sind. Du musst dir selbst treu bleiben.

Wie geben uns die Toten zu verstehen, dass sie uns wahrnehmen, oder lassen uns wissen, dass sie hier sind?

Es gibt unendlich viele verschiedene Wege, auf denen jene auf der Anderen Seite uns zeigen können, dass sie immer in unserer Nähe sind und wissen, wenn wir an sie denken. Vielleicht machen sie sich über eine bestimmte Zeit auf einer Digitaluhr bemerkbar. Ich kenne zum Beispiel eine Frau, die ungewöhnlich häufig gerade dann das Bedürfnis hat, auf die Uhr zu schauen, wenn diese 11.11 Uhr anzeigt. In vielen Fällen werden sie dafür sorgen, dass bestimmte Ereignisse zu einem ungewöhnlichen Zeitpunkt eintreten, so dass wir diese mit völlig neuen Augen anschauen. Das gehört zu den Dingen, die ich unbedingt herausbekommen möchte, wenn meine Zeit gekommen ist (obwohl ich es damit nicht allzu eilig habe) – wie genau sie dies bewerkstelligen.

Ich will Ihnen ein Beispiel geben. Ein Pärchen – Bruder und Schwester – kam zu mir, und nach der Sitzung gestand mir der Bruder, dass er stark beeindruckt sei. Was ich gern hörte. Ich mag es, wenn mir jemand sagt, dass ich meine Aufgabe gut erledige. Dann erzählte er mir, dass er zu den Skeptikern gehört habe. Ihre Mutter war fünf Jahre zuvor gestorben, und vor drei Jahren habe seine Schwester diesen Termin ausgemacht. Er hatte ihr damals gesagt, er glaube nicht daran, dass es medial begabte Menschen gebe. Sie könne zwar zu dem Termin gehen, er aber wolle damit nichts zu tun haben. Inzwischen waren die drei Jahre vergangen, und ungefähr zwei Monate vor dem Termin hatte er einen unglaublich lebendigen Traum. Darin sagte seine Mutter zu ihm: »Geh hin! Geh hin! Geh hin!« Der Traum war so real, dass er das Gefühl hatte, es sei wichtig, das zu tun, worum ihn seine Mutter gebeten hatte, aber er hatte keine Ahnung, was das sein könnte. Er stieg ins Auto und fuhr zum Friedhof, um das Grab seiner Mutter zu besuchen. Dort »sprach« er mit ihr, bat sie, ihm mitzuteilen, was er tun solle, wohin er gehen solle. Doch er hörte nichts und war frustriert. Er beschloss, seine Schwester zu besuchen und ihr von dem Traum zu erzählen, vielleicht hatte sie eine Idee, was das bedeuten sollte. Er hatte ihr gerade beschrieben, wie seine Mutter ihn nachdrücklich aufgefordert hatte: »Geh hin!«, da klingelte das Telefon seiner Schwester. Als sie den Hörer abnahm, war am anderen Ende meine Assistentin Elena, die sie an den vereinbarten Termin erinnerte. Ich muss dem Bruder zugutehalten, dass bei ihm jetzt der Groschen fiel und er sich entschloss, das »Geh hin!« in die Tat umzusetzen.

Eine meiner Klientinnen, eine junge Frau in den Zwanzigern, erzählte mir, ihre Cousine sei mit erst dreiundzwanzig Jahren gestorben, nachdem sie mitten in der Nacht einen epileptischen Anfall gehabt hatte, bei dem sie sich den Kopf stieß, und dann im Kissen erstickte. Ein paar Jahre später las sie mein erstes Buch. Sie traute dem Ganzen nicht und war skeptisch, ob es überhaupt möglich sei, mit dem Geist ihrer Cousine zu kommunizieren. Also beschloss sie, ein Experiment durchzuführen. Sie dachte für einige Zeit intensiv an ihre Cousine, dann sprach sie im Stillen: »Gut, Jamie, falls du wirklich in meiner Nähe bist, ich dir wichtig bin und du jetzt zu den Erleuchteten gehörst – gib mir ein Zeichen. Zeig mir eine Sonnenblume.« Das war die Lieblingsblume ihrer Cousine. Am nächsten Tag las meine Klientin ein Buch, und auf der allerersten Seite tauchte das Wort »Sonnenblume« auf. Der nächste Absatz handelte von einer »Begegnung mit dem Transzendenten«. Später an diesem Tag, so erzählte sie mir, begegnete ihr ein Mann, der einen ganzen Arm voll Sonnenblumen trug. Und am Abend sah sie einen neuen Fernseh-Werbespot, in dem ein kurzer Schwenk über ein Sonnenblumenfeld gezeigt wurde.

Die Großmutter meiner Klientin hatte eine eigene »Versuchsreihe« laufen. Sie hatte in ihrem Schlafzimmer lauter Bilder von Jamie aufgestellt, und in dem Jahr nach ihrem Tod konnte sie diese noch so oft zurechtrücken, immer wieder standen sie unordentlich da.

Ein anderer meiner Klienten, »Jim«, erzählte mir, als er anfing, als Landschaftsgärtner zu arbeiten, habe sein Vater ihm manchmal dabei geholfen. Eines Tages gruben sie gerade Löcher, um Büsche und Bäume einzupflanzen, als er eine Kiste voll alter Flaschen ausbuddelte, die sehr gut erhalten waren. Jim war kein Experte für alte Flaschen, er fand nur, dass sie interessant aussahen, und dachte, sie könnten vielleicht etwas wert sein. (Später fand er heraus, dass sie aus dem frühen 20. Jahrhundert stammten.) Da er selbst sehr beengt wohnte, bat er seinen Vater, die Flaschen in seiner Garage für ihn aufzuheben. Und mit der Zeit vergaß er sie. Eines Tages ging er auf einen Flohmarkt. Dort waren Flaschen zum Kauf angeboten, die so ähnlich aussahen wie seine – und zwar zu einem recht hohen Preis. Ihm fiel auf, dass die von ihm gefundenen

Flaschen sogar zum größten Teil in besserem Zustand waren als die hier angebotenen, und er wurde ganz aufgeregt. Sofort ging er zum Haus seiner Eltern, wo er jedoch feststellen musste, dass die Flaschen inzwischen weggeworfen oder fortgegeben worden waren. Obwohl ihm klar war, dass so etwas vorkommen kann, ärgerte sich Jim, und bei jeder Gelegenheit warf er seinem Vater vor, dass er ihm diese wertvollen Flaschen *anvertraut* habe und dieser sie einfach entsorgt hätte.

Seit Jims Vater auf die Andere Seite gewechselt ist, sind nun einige erstaunliche Dinge geschehen. Zuerst fand Jim, während er wieder eine Pflanzgrube aushob, eine alte Milchflasche, auf der der Name »Alfred« stand – der Name seines Vaters. Bei einer anderen Gelegenheit grub Jim wieder eine Flasche aus. Sie war vollkommen verschmutzt. Aber als Jim sie abwusch, entdeckte er den Buchstaben »A«.

Er fragte mich: »Concetta, glauben Sie, mein Vater versucht, mir meine Flaschen zurückzugeben?« Genau das ist es. Jims Vater hatte einen sehr deutlichen Weg gefunden, Jim wissen zu lassen, dass er noch in seiner Nähe war.

Wieder einer anderen Klientin war die Tochter gestorben, und sie besuchte hin und wieder ihr Grab. Bei einem dieser Besuche, bei dem sie länger dort verweilt hatte, ging sie zum Auto zurück. Als sie einstieg, bemerkte sie, dass sie eine beschädigte Halskette in der Hand hielt. Da sie tief in Gedanken gewesen war, glaubte sie, sie hätte die Kette vom Weg aufgehoben, ohne überhaupt zu bemerken, was sie tat, denn sie konnte sich nicht wirklich daran erinnern, dass sie sich gebückt und etwas aufgehoben hatte. Schockiert war sie, als sie sah, dass an der

Halskette Buchstaben angebracht waren, die den Namen ihrer Tochter bildeten: »Kathy«.
Das Wichtigste für uns ist, aufmerksam zu sein. Besonders wenn wir die Toten ausdrücklich um ein Zeichen gebeten haben. Aber selbst falls wir nicht danach fragen, sollte unser Geist immer für sie offen sein, denn wir wissen, sie versuchen, uns hallo zu sagen, auf welche Weise es ihnen auch immer möglich ist. Bedenken Sie, dass es so etwas wie Zufall nicht gibt; und wenn Dinge geschehen, auf die wir normalerweise mit Begeisterung reagieren, weil sie uns überraschen oder entzücken, dann will uns höchstwahrscheinlich jemand, der uns am Herzen lag, wissen lassen, dass er ganz in der Nähe ist.

Haben die Verstorbenen eine bevorzugte Methode, um mit uns Verbindung aufzunehmen?

Ich weiß nicht, warum, aber die Toten scheinen das Radio zu mögen. Offenbar ist es das von ihnen bevorzugte Medium, um uns Grüße zu senden. Darüber habe ich so viele Geschichten von meinen Klienten gehört, dass ich hier nur einige Beispiele nennen möchte …
Einer von ihnen, ein Friseur – er ist ein wirklich netter Kerl –, sagte mir einmal: »Concetta, warum lassen Sie sich nicht mal von mir die Haare schneiden?« Und das tat er also, während er mir die folgende Geschichte erzählte. Er gestand mir, dass er sehr skeptisch gewesen sei, als er das erste Mal zu mir kam. Seine Mutter – Rose – war

gestorben, als er dreizehn und seine Schwester vierzehn war. Er selbst war homosexuell, aber seine Schwester heiratete und bekam ein Kind. Eines Tages, als sie ihr Kind gerade zu einem Arzt fuhr, stellte sie fest, dass sie im Geist mit ihrer Mutter sprach und sich fragte, ob ihre Mutter ihr Baby kannte oder sie hier wahrnahm. Genau in dem Moment wurde im Radio ein alter Song von Seal gespielt: »Kiss from a Rose«. Seine Schwester musste lächeln und dachte: »Was für ein netter Zufall!« Sie wollte ihrem Bruder davon erzählen, also rief sie ihn bei der Arbeit an. Als mein Klient den Hörer abnahm, hatte auch er das Radio an, allerdings einen anderen Sender. Und gerade, als seine Schwester ihm von dem merkwürdigen Zufall erzählen wollte, dass ein Song mit »Rose« im Titel genau in dem Moment gespielt wurde, während sie an ihre Mutter dachte, war genau dieser Song im Geschäft meines Klienten im Radio zu hören! Zweimal ins Schwarze getroffen! Und seit er dann in unserer Sitzung etwas von seiner Mutter gehört hat, zählt er nicht mehr zu den Skeptikern!

Ein andermal kam eine junge Frau mit ihrer Mutter zu mir. Die Tante ihrer Mutter namens Rose – noch mehr Rosen! – nahm Kontakt auf und sagte fortwährend etwas über Flicken. Ich weiß, das klingt merkwürdig, aber ich denke mir das nicht aus. Ich versuche, nur das an meine Klienten weiterzugeben, was ich höre. Sie konnten sich keinen Reim darauf machen, was sie damit meinte – was es mit den »Flicken« auf sich hatte. Ich beruhigte sie: »Keine Sorge, ich habe es aufgenommen. Zu Hause können Sie sich das noch mal anhören, und vielleicht fällt Ihnen dann etwas dazu ein.« Über das Geheimnis nachsinnend, verließen sie mein Büro. Sie brauchten nicht lange. Als sie aus dem Auto ausstiegen, sagte die Mutter: »Ich hab's! Jetzt weiß ich, was Tante Rose uns sagen wollte. Erinnerst du dich, als deine Schwester und du noch klein waren, da hat sie euch die Haare immer mit Stoffstreifen hochgebunden, damit ihr Locken bekommt – dabei hat sie immer gesagt: ›Ihr seht aus wie zwei kleine Flickenpuppen!‹« Und der Gedanke an Tante Rose veranlasste sie, durch die alte Nachbarschaft zu fahren, wo sie seit zwanzig Jahren nicht mehr gewesen waren. Sie fuhren vor sich hin, das Radio angeschaltet, und dachten an früher. Und gerade als sie an Tante Rose' ehemaligem Haus vorbeifuhren, spielte das Radio Frankie Vallis Song »Rag Doll« (»Flickenpuppe«).

Ein anderer Klient, Mike, erzählte: »Kennen Sie das, wie manche Ereignisse einem besonders im Gedächtnis haften bleiben, obwohl sie für die persönliche Biographie gar nicht wichtig zu sein schienen? Nun, ich war etwa elf Jahre alt und mit meinen Großeltern in Fairfield mit dem Auto unterwegs. Ich erinnere mich, dass es einen Flugzeugabsturz gegeben hatte, und im Radio spielten sie den Bon-Jovi-Song ›Always‹.« Dieser Song, dieser Tag und seine Großeltern gehörten seitdem für ihn immer zusammen, und das Ganze war eins dieser merkwürdigen Phänomene, die immer mal wieder im Gedächtnis auftauchen. Dann erzählte Mike, dass seine Großmutter ein Jahr zuvor gestorben sei. Als er bei der Beerdigung im Leichenzug ging, dachte er an sie und bat sie, ihm ein Zeichen zu geben, wenn sie immer noch in der Nähe sei. Danach stieg er ins Auto, um nach Hause zu fahren, und im Radio spielte man genau diesen Song »Always«.

Wenn wir einem lieben Verstorbenen eine Botschaft zukommen lassen wollen, woher wissen wir, dass sie ihn erreicht hat?

Uns wurde verkündet, dass das, worum wir bitten, auch gegeben wird. Wir haben Gottes Wort darauf. Wenn Sie sicher sein wollen, dass Ihre Botschaft angekommen ist, dann bitten Sie einfach Gott darum. Ob Sie das mit einem stillen Gebet tun, es laut aussprechen, während Sie an einem Ihrer Lieblingsplätze spazieren gehen, oder die Worte nur in Gedanken sprechen, spielt keine Rolle; Gott weiß es. Mehr brauchen Sie nicht zu tun.

Ist der »Tag der Toten« wirklich ihr Tag? Kehren sie dann tatsächlich wieder zu ihren Familien zurück?

In Mexiko und vielen anderen Ländern auf der ganzen Welt glaubt man, dass der zweite November der Tag der Toten ist, *El Día de los Muertos*, an dem alle Verstorbenen zu ihren Familien zurückkehren. An manchen Orten wird der erste November *El Día de los Angelitos* genannt (Tag der kleinen Engel). Wer ein Kind verloren hat, wird an diesem Tag seiner gedenken; am zweiten November erinnert man sich der verstorbenen Erwachsenen. Die Menschen bringen Blumen und die Lieblingsspeisen der Dahingegangenen zu den Gräbern und legen sie dort nieder.

(Für die verstorbenen Kinder lassen sie Spielzeug und traditionelle Süßigkeiten da.) Wenn es ihnen nicht möglich ist, das Grab zu besuchen, errichten sie einen kleinen Altar mit Fotos der Verschiedenen – oft wird auch ein Kreuz dazugestellt oder eine religiös anmutende Figur, vielleicht von einem Heiligen, oder ein Bild der Jungfrau Maria, Blumen (vor allem Ringelblumen, die hier für diesen Gedenktag als besonders symbolträchtig gelten) und Kerzen – und sie breiten darauf die Speisen aus, die die Toten am liebsten hatten, vielleicht gibt's auch noch eine Flasche Tequila oder anderen Schnaps … Eine beliebte Dekoration, die ebenfalls Naschwerk ist, sind kleine Totenschädel aus Zucker oder Schokolade, die den Tod und die Wiedergeburt symbolisieren sollen.

Die Feierlichkeiten zum Tag der Toten sind ein sehr alter Brauch – er lässt sich fast dreitausend Jahre zurückverfolgen bis zu den Azteken, Olmeken und Zapoteken und anderen eingeborenen Völkern. Modernere Spielarten dieser Feierlichkeiten finden in den Vereinigten Staaten in Texas und Arizona statt.

Andere Länder feiern ihre verstorbenen Lieben ebenfalls auf viele unterschiedliche Weisen. Allerseelen am zweiten November ist im Festjahr der römisch-katholischen Kirche der Tag, der dazu gedacht ist, durch Fürbitte, Gebet und Almosen die Leiden der »armen Seelen« im »Fegefeuer« zu erleichtern, und der dem Gedächtnis der Dahingegangenen dient. In Guatemala stellen sie große Drachen her, die sie dann fliegen lassen. Auf Haiti spielen Trommeln und Musik eine große Rolle bei der Feier – sie trommeln die ganze Nacht sehr laut –, um eine Wesenheit zu erwecken, die sie als »Gott der Toten« bezeichnen.

In Bolivien gedenkt man der Toten am neunten November, die Feier wird *El Día de los Natitas* genannt, »der Tag der Totenschädel«. In jeder Wohnung gibt es üblicherweise den Schädel eines Vorfahren, der über die Familie wacht, und an diesem Tag wird er groß herausgeputzt, mit Blumen geschmückt, und es wird dort Essen hingestellt, dazu Zigaretten, Kokablätter und vieles andere. Die Chinesen feiern ihren Totengedenktag, das Qingming-Fest, völlig anders (qingming heißt so viel wie »hell und klar«). Es findet im Frühjahr statt – meist am vierten oder fünften April –, sie machen Ausflüge ins Grüne und genießen die erwachende Natur des Frühlings, gleichzeitig pflegen sie die Gräber der lieben Verstorbenen.

Aber um zur ursprünglichen Frage zum »Tag der Toten« zurückzukehren: Die Mexikaner hatten immer eine besonders enge Verbindung zu ihrer Familie – der lebenden wie der toten Mitglieder. Doch nach der Revolution von 1910 wurde jede offene Äußerung dieser Spiritualität unterdrückt und in den Untergrund getrieben. Offensichtlich hielt die Regierung das für rückständig oder abergläubisch, obwohl einzelne Politiker ihre verstorbenen Verwandten selbst auf jene Weise ehrten. Fakt ist, man kann diesen Ausdruck der Liebe zwar verbieten, aber nicht zerstören. Es war vielleicht offiziell »inakzeptabel« geworden, doch hinter verschlossenen Türen wurde es weiterhin praktiziert. Und nicht nur am zweiten November, wenn alle Toten geehrt werden. Des einzelnen Familienmitglieds gedenkt man auch am Jahrestag seines Hinübergehens. Die Familie versammelt sich dann und schmückt das Haus mit Blumen und Fotografien des Verschiedenen. Vielleicht steht dort die Urne mit der Asche des Verstorbenen, falls er verbrannt und nicht beerdigt wurde. Die Familie setzt sich zu einem Mahl zusammen, das aus den Lieblingsspeisen des Verstorbenen besteht. Manchmal wird es als einfaches und andächtiges Familienessen abgehalten und manchmal regelrecht als Party. Wie ich stets zu sagen pflege, sind die Toten *immer* bei uns, nicht nur am zweiten November. Doch an diesem Tag gedenkt man ihrer ganz besonders, er ist ihnen gewidmet, um sie zu ehren und zu feiern. Kommen sie im wörtlichen Sinne wieder zu uns? Sie sind immer *im wörtlichen Sinn bei uns* – in geistiger Form.

Was halten Sie von Halloween?

In manchen Ländern der Erde ist Halloween ein sehr altes Fest. In den USA sieht man darin eigentlich mehr einen netten Feiertag für Kinder – sie schnitzen Gesichter in Kürbisse, verkleiden sich, haben Partys, gehen von Tür zu Tür, um den Spruch »Süßes oder Saures« aufzusagen, und kommen mit viel zu vielen Leckereien nach Hause. Zu einem Feiertag wurde Halloween erst im letzten Jahrhundert. Besonders wichtig war er nicht. In Amerika führte man ein paar ganz gute Neuerungen ein – in Irland pflegte man ein Gesicht in eine Rübe zu schnitzen. Wir nahmen einen Kürbis, in den man viel leichter eine Kerze stellen kann und der sich besser vor die Eingangstür stellen lässt. Doch die wichtigeren Tage sind hier Allerheiligen am ersten und Allerseelen am zweiten November, wenn die »Gläubigen, die uns verlassen haben«, gefeiert werden. Es ist schon merkwürdig, obwohl *El Día de los Muertos* in Mexiko ein viel größeres traditionelles »Gewicht« hatte, verbreitet sich dort heutzutage immer mehr die amerikanische Tradition von Halloween. Die Kinder verkleiden sich und gehen von Tür zu Tür, wobei sie statt »Süßes oder Saures« sagen: »Noche de brujas!«, was »Nacht der Hexen« bedeutet.

Als ich so fünf oder sechs Jahre alt war, bekamen mein Bruder Harold und ich diese billigen Halloween-Kostüme, die man im Laden kaufen konnte – sie waren wie ein Overall aus einem Stück genäht, man musste in sie hineinsteigen, und im Nacken wurden sie dann zugebunden. Ich kann mich nicht einmal mehr daran erinnern, was für eins ich hatte, aber Harold trug ein rotes Teufelskostüm. Meinem Bruder, der elf Monate älter war als ich, machte seine Verkleidung eine »Höllenangst«. Er weinte und weinte, und meine Mutter, die mit uns auf dem Weg zu einer Party war, sagte schließlich: »Du musst das nicht anziehen.«

Und so jung ich damals auch war, erinnere ich mich noch, dass ich zu ihm gesagt habe: »Das kann dir nichts anhaben.« Ich weiß nicht, woher ich das wusste, und ich hatte damals auch nicht wirklich die Worte, das auszudrücken, aber mir war klar, dass er ein gesegnetes Kind war und nichts Böses, auch nicht der »Teufel«, ihm schaden konnte. Ich verstand das, obwohl ich noch so jung war, auch wenn ich nicht genau ausdrücken konnte, was ich meinte.

Verabscheut Großmutter meine Piercings?

Wenn Sie ein »anständiger« Mensch sind und im Leben »das Richtige« tun, dann schaut die Andere Seite nicht auf Ihre Tattoos und Piercings und verurteilt Sie derentwegen nicht. Für die Jenseitigen sind all die Maßnahmen, die wir hier ergreifen, um entweder aufzufallen oder uns den anderen anzupassen, einfach nur amüsant. Ich persönlich trage gern auffälligen Schmuck, doch meist an ziemlich üblichen Stellen meines Körpers. Wenn andere dabei kreativer sein wollen – sieben Ohrstecker im einen Ohr, ein Dutzend im anderen, einen Ring oder zwei im Bauchnabel, in der Nase oder wo auch immer (glauben Sie mir, ich habe schon von einigen sehr *kreativen* Orten gehört, wo sich die Leute haben piercen lassen, die ich hier nicht erwähnen möchte) –, ist das Großmutter auf der Anderen Seite egal. Die Oma im Diesseits hat damit vielleicht ein Problem, weil sie es nicht versteht oder glaubt, das könnte ein schlechtes Licht auf die Familie werfen oder dergleichen. Doch »da drüben« ist ihnen klar, dass das alles nicht wichtig ist. Wenn Ihre Arme von Tattoos übersät sind, würde sich die Großmutter auf der Anderen Seite vielleicht wünschen, dass Sie bei der Arbeit langärmelige Oberteile tragen, aber nur weil sie sich sorgt, dass die Menschen hier Sie danach beurteilen, Sie deshalb vielleicht nicht ernst nehmen oder es Ihrer Karriere oder in anderer Hinsicht schaden könnte. Es bedeutet in keiner Weise, dass sie persönlich Ihre Tattoos ablehnt.

Woher weiß ein Medium, dass die Nachrichten echt sind, die es übermittelt?

Nun, zum einen ist es so, dass derjenige, für den ich eine Sitzung abhalte, meist in der Lage ist, an Ort und Stelle zu bestätigen, was ich ihm sage. Vergessen Sie nicht, dass ich ja nur wiederhole, was ich höre. Ich denke mir nichts aus. Selbst wenn es so scheinen sollte, das tue ich nicht. Beispielsweise hatte ich eine Klientin, deren Mutter gestorben war, und sie kam dreimal zu mir. Beim ersten und zweiten Mal erwähnte ihre Mutter neben vielem anderen den Namen »Helen«. Meine Klientin versicherte, dass sie keine Ahnung habe, wer »Helen« sei. Aber es war offensichtlich, dass es jemand war, der für ihre Mutter große Bedeutung hatte, denn sie erwähnte den Namen bei beiden Treffen.

Wie ich schon erwähnt habe, es war die Mutter, die ständig »Helen« sagte, nicht ich. Dennoch war nicht zu übersehen, dass meine Klientin Zweifel hatte. Denn sie war überzeugt, dass sie jeden, der ihrer Mutter nahestand, kannte oder zumindest von ihm gehört hätte. Als diese Frau schließlich zum dritten Mal zu mir kam, eröffnete sie mir: »Oh, Concetta, ich habe jetzt herausgefunden, warum meine Mutter immer wieder Helen erwähnt! Ich habe einige Sachen meiner Mutter durchgeschaut und dabei einen Ring gefunden mit der Inschrift ›Für Helen von John‹. Bei dem Ring lag eine Karte, die an meine Mutter adressiert war, und auf der stand: ›Ich möchte gern, dass du dies behältst‹, so dass zumindest dieser Teil des Rätsels gelöst ist.«

Auch wenn wir es vielleicht nicht wissen, die Seelen wissen ganz genau, wovon sie reden. Ich danke Gott dafür, dass ich nur die guten Sachen weitergebe. Ich vertraue meinen Gebeten, und ich vertraue den Seelen. Die Seelen dort drüben auf der Anderen Seite sind es, denen die Anerkennung dafür gebührt, »dass ›es‹ richtig verstanden wird«. Sie sind so verdammt gut darin, sie könnten einen in Grund und Boden reden. Nicht alle haben Witz, manche sind genauso langweilig wie manche Menschen im Diesseits. Doch ich *vertraue* ihnen!

Kann es sein, dass die Toten auch lügen?

Nein. Tote haben keinen Grund, die Unwahrheit zu sagen. Was sollte ihnen das auch bringen? Alle Kommunikation auf der Anderen Seite findet telepathisch statt, und etwas Transparenteres gibt es kaum. Jeder weiß vom anderen, was er denkt, also wäre es gar nicht möglich, einen anzulügen.

Streiche spielen? Ja! Scherze machen? Sicher! Aber lügen? Das ist unmöglich.

Wenn ich so darüber nachdenke, dass wir uns da drüben alle telepathisch verständigen – vielleicht wären wir dort sogar in der Lage, all die blöden Witze zu verstehen, deren Pointe wir vorher nicht kapiert haben! Oder wenn ein Mensch, der im Diesseits etwa einen anderen belogen oder betrogen hat, hinübergegangen ist und als Geist Kontakt aufnimmt, dann ist es nicht so, als würde er eine umfassende Beichte ablegen oder sein Verhalten erklären. Vielleicht teilt er mir ein paar wesentliche Einzelheiten über die Situation mit. Aber es ist viel wahrscheinlicher, dass er einfach seine Reue ausdrückt oder sagt, es tue ihm leid.

Was war der absolut außergewöhnlichste Ort, an dem Sie ein Toter je besucht hat?

Einmal war ich auf einer Restauranttoilette und saß gerade in der Kabine, als ein »weiblicher« Geist anfing, mir zu erzählen, dass er eine Botschaft für seine Schwester hatte, die ich übermitteln sollte. Das war etwa 1981, und ich war bisher noch nicht in die Öffentlichkeit getreten. Obwohl ich eigentlich eine ziemlich extrovertierte Persönlichkeit bin, hatte ich mich noch nicht wirklich »geoutet« und fühlte mich nicht wohl bei dem Gedanken, zu einem Fremden sagen zu müssen: »Hallo, ich bin ein Medium, und ich habe eine Botschaft für Sie.«
Wie auch immer, ich verrichtete mein Geschäft, zog mir die Hosen hoch, und als ich aus der Kabine kam, stand ein Mädchen am Becken und wusch sich die Hände. Ich nahm all meinen Mut zusammen und sagte: »Entschuldigen Sie, ist Ihr Name Cheryl? Oder irgendein anderer Name, der mit C anfängt?« Sie antwortete: »Nein, nicht Cheryl, ich heiße Cathy, aber ich schreibe mich mit C.« Ich fuhr fort: »Nun gut, ich muss Ihnen etwas sagen. Ihre Schwester will Sie wissen lassen, dass sie Sie liebt.«

Um ehrlich zu sein, kann ich mich nicht mehr genau an ihre Reaktion erinnern – ob sie geschockt war oder eher ungläubig. Ich weiß nur noch, dass sie zum Ausdruck brachte, wie froh sie über diese Nachricht sei. Denn ihre Schwester war gerade verstorben, und kurz zuvor hatten sie einen Streit gehabt. Das habe ihr schwer auf der Seele gelegen.

Fehlen den Toten ihre Lieblingsspeisen?

In Geistgestalt nehmen wir keine Nahrung auf – nichts zu essen und nichts zu trinken. Es ist einfach nicht notwendig, da wir immateriell sind (ein origineller Ausdruck, um zu sagen, dass wir keinen Körper haben). Was aber bleibt, sind die Erinnerungen an die wunderbaren Mahlzeiten, die wir hatten, und sicher erinnern wir uns auch genüsslich an unsere Lieblingsspeisen.

Bei einer meiner Shows meldete sich ein Geist für seine Familie, die ebenfalls anwesend war, und er bat mich, sie auf die Kekse anzusprechen, die sie bei sich trügen. Ich fragte: »Haben Sie zu Ehren Ihres Vaters Kekse mitgebracht?« Zuerst waren sie ein wenig verwirrt, doch dann fiel ihnen ein, dass sie tatsächlich Kekse in ihrer Tasche hatten, und sie mussten lachen. Sie hatten dabei nicht an den Vater gedacht, sondern sie einfach mitgenommen für den Fall, dass sie unterwegs Hunger bekommen würden. Doch er war sich der Kekse bewusst, und so ließ er sie wissen, dass es wirklich er war, der sich da meldete. Denn zu seinen Lebzeiten war er bekannt dafür gewesen, dass er gern naschte.

Machen sich die Toten Sorgen um die Gesundheit ihrer lebenden Angehörigen?

Ja, auf jeden Fall – und auf jede erdenkliche Weise. Manchmal wollen sie uns beruhigen, indem sie einem geliebten Menschen mitteilen lassen, dass er sich grundlos Sorgen macht, weil sich sein augenblickliches Gesundheitsproblem zum Guten lösen wird. Oder sie versuchen, sie vor Gefahren zu warnen. Häufig bittet mich ein Geist, einem Klienten zu übermitteln, dass es ihm lieber wäre, er würde nicht rauchen, oder dass ich ihm sagen soll, er müsse Sport treiben.

Als ich sieben- oder achtundvierzig Jahre alt war, besuchte ich zum Abschluss der Arbeitswoche eine Bar zur Happy Hour. Am Ende des Tresens stand ein junger Kerl, der von einer Gruppe kleiner Mädchen umgeben war. Na ja, es waren nicht wirklich »kleine Mädchen«; Sie wissen ja, alles ist relativ. Doch sie waren zumindest viel jünger als ich. Als ich so dasaß und die Szene einfach betrachtete, hörte ich einen Toten zu mir sprechen, der wollte, dass ich zu dem jungen Mann ging und mit ihm redete. Es war sein Vater, und er bestand darauf, dass ich mit seinem Sohn sprechen sollte. Er erzählte mir, dass er Alkoholiker war und nicht wollte, dass sein Sohn in einer Bar saß und Alkohol trank. Um ehrlich zu sein, hatte ich absolut keine Lust, einfach zu einem fremden Mann zu gehen, der nicht die leiseste Ahnung hatte, wer ich war, und zu versuchen, ihm eine solche Botschaft zu übermitteln. Doch der Vater war sehr hartnäckig.

Schließlich erkannte ich, dass ich es tun musste. Also ging ich ans Ende des Tresens und sagte: »Sie kennen mich nicht, aber ich bin ein Medium, ein Mensch mit übersinnlicher Wahrnehmung. Und Ihr Vater hat mir eine Botschaft für Sie übermittelt. Er bestand darauf, dass ich sie Ihnen unbedingt weitergebe.« Dann teilte ich ihm die Nachricht seines Vaters mit: »Er möchte Ihnen sagen, dass es ihm sehr leidtut, wie er zu Lebzeiten gewesen ist. Und er möchte nicht, dass Sie auch trinken.« Das Ganze war mir mehr als peinlich. Danach ging ich zu meinem Platz zurück.

Etwas später schaute ich verstohlen zur Bar und sah, dass der Kopf des jungen Mannes auf den Tresen gesunken war und die Mädchen ihn immer wieder fragten: »Geht es dir gut? Was ist mit dir?« Auch wenn mir nicht wohl dabei war, ich hatte ihm sagen müssen, was ich hörte. Auf jeden Fall kamen nach einer Weile seine Freundinnen zu mir herüber und fragten: »Wer sind Sie?« Sie schilderten mir, wie aufgewühlt er sei. Dann berichteten sie, welche Geschichte er ihnen erzählt hatte. Sein Vater war schwerer Alkoholiker gewesen, unter dem die Familie stark gelitten hatte. Nach einem dieser Vorfälle hatte der junge Mann schließlich vor seiner Familie gesagt: »Das war's. Ich bin mit dir fertig. Du bist nicht mehr mein Vater!« Kurz danach hatte sich dieser wieder betrunken, und er wurde in einen Unfall verwickelt, bei dem er starb. Der junge Mann fühlte sich schuldig, dass er seinen Vater verstoßen hatte und er dann gestorben war. Vor lauter Schuldgefühlen trank er sich selbst bis in die Bewusstlosigkeit und möglicherweise in ein frühes Grab – so wie sein Vater. Dieser machte sich deshalb große Sorgen. Er war nicht böse auf seinen Sohn, er verstand ihn. Doch er war besorgt und wollte ihn unbedingt warnen.

Wenn ich mich einer Operation unterziehen muss, können die verstorbenen geliebten Menschen mir dann helfen?

Ja, jeder, den wir lieben und der hinübergegangen ist, wird sozusagen zu einem Mitglied unserer Schutzengelschar, und sie werden uns auf jede erdenkliche Weise helfen. Da drüben sind sie allwissend, und sie sind bei Gott, eins mit ihm. Also werden sie und Gott bei Ihnen sein.

Sie gehen bei der Operation in einen Zustand des Unterbewusstseins, dadurch wird es Ihnen leichter fallen, mit dem Geistigen Verbindung aufzunehmen – die Vollnarkose wird das keinesfalls behindern. Eher wird sie dabei helfen, denn Sie werden aus Ihrem normalen Wachzustand der physischen Ebene geholt.

Wenn möglich, sollten Sie einen kleinen Gegenstand bei sich haben, der Ihre Verbindung mit Gott und dem Geistigen symbolisiert. Je nach Ihren Glaubensvorstellungen kann es ein Gebetskärtchen mit einem Bild der Muttergottes sein oder eine kleine Jesus- beziehungsweise Buddhafigur, der Erzengel Michael oder was immer Ihnen inneren Frieden gibt. Es kann auch ein kleiner Gegenstand sein, der Sie an einen anderen Menschen erinnert, besonders an jemanden, der auf der Anderen Seite ist. Ich nehme dafür einen kleinen Gegenstand, der meinem Bruder Harold gehörte. Vorausgesetzt, Sie haben keine Angst, dass Ihnen jemand den Gegenstand wegnehmen könnte, wenn Sie ihn unbewacht lassen, legen Sie ihn neben das Bett, in dem Sie aufwachen werden. Sie brauchen diesen Gegenstand nicht wirklich, er hat nur symbolische Bedeutung, bestärkt Sie in Ihrem Seelenfrieden. Dann bitten Sie die Andere Seite, bei Ihnen zu sein, sagen Sie Ihren Schutzengeln, dass Sie ihren Beistand wünschen und dass Sie wohlauf und stark aufwachen möchten.

Wohin geht die Seele, wenn man unter Narkose ist, und kann man dann Verbindung zu den geliebten Menschen auf der Anderen Seite aufnehmen?

Ja, das kann man ganz bestimmt. Denn wenn wir uns in einem halbbewussten Zustand befinden, ruht unser Bewusstsein, und unser Unterbewusstsein wird verstärkt. In diesem Zustand ist es sehr einfach, mit Geistern Verbindung aufzunehmen. Wir sind in der Lage, den Körper zu verlassen – als unsere Seele in ihrer rein energetischen Gestalt –, während wir durch einen Energiestrang verbunden bleiben. In dieser Form nehmen wir Verbindung auf mit anderen nichtphysischen Energieformen wie unseren verstorbenen Lieben, die uns im Heilungsprozess unterstützen.

Können uns die Toten tatsächlich retten, wenn wir in lebensbedrohlichen Situationen sind?

Selbstverständlich können sie das. So etwas passiert ständig. Beispielsweise bekomme ich oft den Auftrag, meinen Klienten zu sagen, sie sollen bestimmte Teile oder Funktionen an ihrem Auto überprüfen – etwa ein Problem mit den Bremsen oder Ähnliches. Die Verstorbenen versuchen zu verhindern, dass ihnen Nahestehende einen schlimmen Unfall haben. Und ich bekomme oft Geschichten darüber zu hören, wie ein lieber Verstorbener im letzten Augenblick einen meiner Klienten davor bewahrte, jemanden zu überfahren oder selbst überfahren zu werden.

Neulich erzählte mir eine Klientin, dass ihre Cousine, deren Schwester verstorben war, leichtsinnig auf der Autobahn fuhr. Sie machte eine ungeschickte Lenkbewegung und verlor die Kontrolle über das Auto – und das bei hundertdreißig Stundenkilometern. Das Gefährt raste geradewegs auf ein Betonhindernis zu, als sie ihre Schwester direkt vor dem Auto stehen sah – in dem Kleid, in dem sie sie beerdigt hatten. Das Nächste, an das sie sich erinnerte, war, dass sie sicher auf dem Grasstreifen zum Stehen gekommen war, nur ein paar Meter neben dem Hindernis.

Solche Situationen sind ziemlich typisch. Mein achtjähriger Enkel Alexander litt immer unter Ängsten. Er ist so ein hübscher, wunderbarer Junge. Er nennt John und mich »Oma und Opa Essiggurke«, denn als wir einmal zu

Besuch waren, hatte John äußerst schlechte Laune, und ich sagte zu ihm: »Du bist so eine *Essiggurke!*« Alexander fand das einfach zu lustig und lachte und lachte. Von da an nannte er uns immer so.

Doch um auf meine Geschichte zurückzukommen: Trotz unserer Spitznamen hatte ich nie verstanden, warum Alexander seine Distanziertheit mir gegenüber nie zu verlieren schien. Ich bin eigentlich ein ziemlich zugänglicher Mensch, wenn ich das mal so sagen darf; aber er schien immer nervös und blieb auf Abstand. Es stellte sich schließlich heraus, dass auch Alexander seit langem Geister sehen konnte, sie besuchten ihn – und er hatte Angst vor ihnen. Auch ist ihm völlig bewusst, dass andere Menschen nicht das wahrnehmen, was er erblickt. Vor zwei Jahren sagte er schließlich zu seiner Mutter Darlene: »Was hältst du davon, wenn ich dir sage, dass ich merkwürdige Dinge sehe?« Dann erklärte er ihr, dass er Geister erkenne. Ich sage immer – und Darlene hat diesen Spruch schon viele Male von mir gehört: »Du darfst keine Angst zeigen. Wenn du Angst zeigst, werden diese Besucher weggehen.« Also meinte Darlene: »Na ja, du weißt doch, Oma Essiggurke sieht sie auch!« Nun, seit dieser Zeit weicht mir Alexander nicht mehr von der Seite, wenn wir zusammen sind. Er weiß, dass wir beide diese Fähigkeit haben; und er weiß, dass ich es nie seltsam finden würde, wenn er mir erzählt, was er sieht.

Eines Tages fiel seine sechsjährige Schwester Julia die steile Kellertreppe herunter und landete auf Knien auf dem Betonfußboden. Vor Schreck begann sie zu weinen. Darlene war zu Tode erschrocken. Sie schrie: »Oh, mein Gott!«, und sie rannte zu ihrer kleinen Tochter, voller

Angst, sie hätte sich schwer verletzt. Doch die hatte nicht mal eine Beule. Sie war völlig in Ordnung. Alexander, der bei dem Sturz dabei war und gesehen hatte, wie die Geister eingriffen, erzählte mir: »Sie haben sie hingelegt. Sie haben sie gehalten, als sie fiel. Du glaubst mir doch, oder?«

Und vor vielen, vielen Jahren, als ich erst vier Monate alt war (diese Geschichte hat mir meine Mutter erzählt) und mein Bruder Harold fünfzehn Monate, fiel er aus dem zweiten Stock unserer Sozialwohnung in Newark, in der wir damals lebten. Es war ein furchtbarer Unfall – er streifte jeden Fenstersims auf dem Weg nach unten und landete direkt auf dem Betonfußweg, wobei er sich so gut wie jeden Knochen im Leib brach. Der Krankenwagen brachte ihn fort, und im Krankenhaus erklärten sie ihn schon für tot. Er hatte einen Zettel am großen Zeh, auf dem »Baby Ferrell« stand.

Meine Mutter war außer sich. Sie war erst zweiundzwanzig. Sie fühlte sich schuldig, als ob sie den Unfall zu verantworten hatte. Und natürlich konnte sie den Gedanken nicht ertragen, dass ihr Kind tot war. Mein Großvater väterlicherseits hatte wie ich die Gabe, und er sagte zu ihr: »Mach dir keine Sorgen. Er wird es schaffen, und er wird von dem Unfall nichts zurückbehalten.« Wie das möglich sein sollte, konnte nur die Andere Seite wissen. Meine Mutter hatte damals kaum Ahnung von den übersinnlichen Fähigkeiten meines Großvaters – darüber sprach man in der Familie nicht. Vielleicht dachte sie, mein Großvater sei verrückt geworden. Sie warf sich über Harolds kleinen Körper, und plötzlich sah sie eine winzige Träne in seinem Augenwinkel. Sie schrie nach den Ärz-

ten: »Bitte, schaut ihn euch noch einmal an!« Die Ärzte taten das und waren völlig überrascht, dass er doch noch lebte.
Harold verbrachte die nächsten sechs Monate im Krankenhaus, doch es blieben, wie die Andere Seite vorhergesagt hatte, keine Behinderungen zurück, keine gesundheitlichen Probleme, obwohl er zwei Stockwerke tief gefallen war und sich alle Knochen gebrochen hatte.

Was geschieht bei fahrlässiger Tötung? Wird das als Mord angesehen?

Zuerst einmal würde ich das verneinen, doch dies ist eine der schwierigsten Fragen. Denn wie Sie wissen, glaube ich nicht, dass es so etwas wie Zufälle gibt, also etwas Ungewöhnliches, das ohne jeden Grund geschieht. Deshalb muss ich sagen, dass bei jedem Fall einer fahrlässigen Tötung die Person, die stirbt, wusste, dass ihr Leben an jenem Punkt auf diese Weise enden würde. Vielleicht kannte sie nicht die genauen Umstände, aber sie wird als Seele vor der Inkarnation zugestimmt haben, ungefähr in diesem Alter die Welt zu verlassen, damit eine bestimmte Lektion gelernt werden kann. Nicht unbedingt von dem Getöteten selbst, eher von dem Menschen, der den Unfall verursacht hat. Und beide sind sich zumindest dessen bewusst, welchen Sinn das Ganze hat.
Jede wichtige Begebenheit in unserem Leben ist mit karmischen Ursachen verknüpft. Ein Ereignis wird ausgelöst,

um ein früheres Geschehen auszugleichen und den daran Beteiligten eine Lektion zu erteilen. Damit will ich nicht sagen, dass die Person, die getötet wird, sich dieses Planes bewusst ist, solange sie noch auf dieser Seite weilt. Und jene, die den Unfall verursacht haben, glauben auch, dass es »nur« ein Unfall war, zumindest in den meisten Fällen. Und dennoch haben alle, bevor sie hierherkamen und sich in dieser Welt inkarnierten, ein Abkommen getroffen, diese traurige Rolle zu spielen.

Für jeden, der darin verwickelt ist, scheint es ein Tod durch Unfall zu sein. Ich weiß aber einfach aufgrund all der Gespräche, die ich mit der Anderen Seite geführt habe, dass dieser Schein trügt. Mehr als einmal konnte ich die Erfahrung machen, dass ich eine Sitzung für jemanden abhielt, der sich in einer solchen Situation befand. Im einen Fall war es ein Mann, der einen seiner Kollegen mit einem schweren Baufahrzeug getötet hatte. In einem anderen Fall, an den ich mich nur zu genau erinnere, war eine Mutter völlig verzweifelt, weil sie versehentlich ihr zweijähriges Kind überfahren hatte, als sie rückwärts aus der Garage fuhr. In dieser Sitzung fühlte ich mich mehr als hilflos. Ich stand mir selbst im Weg, weil mich ihr Schmerz so berührte. Ich konnte ihr nicht nachdrücklich genug versichern, dass Gott ihren Schmerz und ihre Verzweiflung kannte und dass dies alles einen Sinn hatte. Für sie war es ein Unfall, doch die Schuldgefühle, unter denen sie litt, waren unerträglich. In meinem Herzen weiß ich, es war kein Zufall, dass ihr Kind auf diese Weise ums Leben kam. Aber ich habe keine Vorstellung davon, wo hier der Sinn ist, worin die Lektion bestand.

Wenn bei einem Flugzeugabsturz, einem Bahnunglück oder dergleichen viele Menschen auf einmal sterben, wurde das ebenfalls auf der Anderen Seite »vorherbestimmt«?

Auch hier ist die Antwort wieder ein eindeutiges Ja, es gibt immer einen Grund. Nichts ist ohne Bedeutung. In einem solchen Fall, wenn ein Unglück viele Menschenleben auf einmal kostet, gibt es karmische Ursachen für jedes Individuum; und gleichzeitig haben diese Menschen ein gemeinsames Karma. Sie kennen sich auf der Anderen Seite und von vielen früheren Leben her. Ein solches Ereignis hat viele Bedeutungsschichten. Es geht nicht nur um den Piloten, den Zugführer oder die Menschen im Flugzeug oder im Zug. Es geht auch um die anderen Menschen in deren Umfeld, deren Leben vom Hinübergehen jedes Einzelnen auf die eine oder andere Weise beeinflusst wird. Man könnte das einen »Wellen-« oder »Dominoeffekt« nennen. Es könnte ein Ereignis sein wie der elfte September oder ein Bus, der von einem Terroristen in die Luft gejagt wird. Die Wirkung bleibt nicht auf jene Menschen, jenes Ereignis, jenen Tag begrenzt – die Auswirkungen halten viele Leben lang an.

Ich sollte noch erwähnen, dass es ebenso karmische Gründe für jeden Menschen gibt, der »sein Flugzeug verpasst hat« oder »normalerweise mit diesem Zug gefahren wäre«, aber eben nicht genau an diesem Tag. Nichts ist Zufall. Ein »Zufall« ist nichts weiter als Gott, der anonym bleibt.

Was versteht man unter wahrer Spiritualität?

Wahre Spiritualität bedeutet, mit Gott in einer Partnerschaft zu leben und darauf zu vertrauen, dass der Geist auf uns einwirkt, unsere Gedanken, unsere Worte und Handlungen leitet. Im Vergleich zu jeder denkbaren Macht auf der Erde ist Gott die allergrößte. Seine Liebe ist größer als die Logik, größer als Geld, stärker als jeder Muskel.

Ich selbst habe die wahre Spiritualität noch nicht erreicht. Ich glaube nicht, dass ich sonst noch hier wäre. Jeder im Diesseits, mit wenigen Ausnahmen, arbeitet immer noch auf dieses Ziel hin. Es frustriert mich, wenn ich genau weiß, was recht und unrecht ist, aber ich dann doch nicht umhinkann, das Falsche zu tun. Das ist meine Position in diesem speziellen Leben. In meinem Herzen kenne ich den Unterschied, doch ich bin ein Mensch, kein Gott, und ich mache immer noch Fehler. Man sagt, Ignoranz sei ein Segen. Aber ich bin nicht ignorant, also auch nicht gesegnet.

Gehen die Toten mit ihren Hunden Gassi?

Die Seelen auf der Anderen Seite sind mit ihren Hunden zusammen – oder ihren Katzen oder Frettchen oder welchem Tier auch immer in diesem Leben ihre Sorge und

Liebe galt. Allerdings müssen sie ihre geliebten Tiere niemals an die Leine nehmen. Die Andere Seite ist ein Ort der Vollkommenheit. Dort überleben nicht die Stärksten. Wir bewegen uns zwischen den »Raubtieren«, und sie gehen neben uns.

Es ist völlig normal, dass wir ein geliebtes Haustier betrauern, wenn es hinübergeht. Vor allem für Menschen, die keine Kinder haben oder weit weg von ihrer Familie oder ihren Freunden leben, *sind* die Haustiere ihre Familie – und, vielleicht sollte ich das nicht sagen, aber in mancher Hinsicht sind sie uns sogar mehr ans Herz gewachsen, denn wer kann schon widerstehen, wenn er vollkommen bedingungslos geliebt wird? Doch es stimmt, jene Tiere, die wir geliebt haben, als sie auf Erden waren, werden mit uns im Himmel wiedervereint sein.

Werden alle unsere Haustiere im Himmel bei uns sein oder nur diejenigen, die uns am liebsten waren?

Unsere Haustiere sind Geschenke Gottes, und Gottes Geschenke lösen sich nicht einfach in Luft auf. Alle gehen zurück und werden dort sein.

Falls es ein Haustier gab, das wir von allen am liebsten hatten, macht das unseren anderen Haustieren nichts aus oder verletzt das ihre Gefühle?

Sie werden das toll finden! Sie dürfen eins nicht vergessen: Die Andere Seite ist die vollkommene Vollkommenheit. Nur auf unserer Seite leiden wir unter kleinlichen Eifersüchteleien. Nichts Derartiges gibt es dort drüben. *Alle* Kreaturen frohlocken mit Gott, dem Allmächtigen.

Ich glaube, dass ich vielleicht übersinnliche Fähigkeiten habe, aber meine Kirche lehnt das ab. Gibt es einen Grund, diese Fähigkeiten zu fürchten?

Ich finde es immer wieder erstaunlich, dass uns gerade die Dinge am meisten Angst machen, die wir nicht kennen oder nicht verstehen. Es fällt mir schwer, darüber zu reden, denn ich weiß, dass dies den religiösen Überzeugungen mancher Menschen nicht entspricht. Ich bin der festen Überzeugung, dass jeder das glauben kann, was er will, anbeten darf, wen er möchte, solange niemand von diesen Überzeugungen oder der Art der Anbetung geschädigt wird. Aber ich bin auch sicher, wenn die Menschen das von der Anderen Seite wüssten, was ich weiß,

dann würden sie verstehen, dass sie der Religion nichts wegnimmt.
Diese Fähigkeit ist wie jede andere Begabung auch gottgegeben. Gott ist allmächtig und der Ursprung von allem. Es gibt nichts auf dieser Welt, was nicht von Gott kommt, also muss das auch meine Begabung (oder Ihre) einschließen, sich mit Geistern in Verbindung zu setzen, die ins ewige Reich übergewechselt sind, jenseits des Lebens des physischen Körpers.
Wir neigen nur dazu, das zu fürchten, was wir nicht kennen – ob es das Sterben ist oder das Warten auf die Ergebnisse einer Prüfung. Ob etwas akzeptabel ist oder »schlecht« oder »nicht erlaubt«, hängt manchmal auch nur davon ab, welcher Begriff verwendet wird. Beispielsweise stimmt es zwar, dass manche Religionen ein »Medium« nicht akzeptieren, aber sie haben kein Problem damit, dass es »Propheten« gibt. Um keine Missverständnisse aufkommen zu lassen: Ich würde mich niemals als Propheten bezeichnen! Aber soviel ich weiß, ist ein Prophet jemand, der irgendwie eine Botschaft bekommt – manchmal durch einen Traum oder auf eine andere Art und Weise, die die Bibel nicht näher ausführt –, und dann sagen kann, was geschehen wird. Oder er bekommt einen winzigen Teil von Gottes Plan für eine bestimmte Person oder eine bestimmte Gruppe von Menschen zu einer bestimmten Zeit zu wissen und gibt das dann weiter. Die Botschaft mag eine andere sein, sicherlich wichtiger als die Art von Botschaften, die jemand wie ich von einem verstorbenen Familienmitglied meiner Klienten hört. Doch die Wege sind vielleicht gar nicht so unterschiedlich.
Sie glauben nicht, wie häufig mir Klienten erzählen, dass

sie einen wichtigen Traum hatten, der sie etwas verstehen ließ, sie warnte oder ihnen eine Botschaft gab, die für sie wichtig war – und diese Menschen betrachten sich nicht einmal als Medium und schon gar nicht als Propheten. Manchmal bekomme ich Botschaften, auf deren Grundlage meine Klienten handeln können und die sie in irgendeiner Weise schützen. Aber in vielen Fällen ist es auch anders, dann geht es lediglich um Bestätigungen, dass der Geist auch derjenige ist, für den er sich ausgibt; denn er weiß Dinge, die der Klient verifizieren kann. Und so muss ich zugeben, dass die Bedeutung der Botschaft nur auf diesen Menschen begrenzt ist, sie ist aber dennoch in keiner Weise schädlich.

Angesichts der Erfahrungen, die ich gemacht habe, muss ich annehmen, dass ein Nahestehender auf der Anderen Seite auf diese Weise kommuniziert, damit der betreffende Mensch sich besser fühlt. Generell glaube ich, dass die Menschen lernen müssen, zwischen guten und schlechten Medien zu unterscheiden, statt alle in einen Topf zu werfen. Selbst in der Bibel warnt Gott vor falschen Propheten, stimmt's? Also halten Sie Ihre Augen offen. Wenn Sie eine große rote Hand als Leuchtreklame sehen und darunter steht: »Sitzung 5 Euro«, sollten Sie sich das zweimal überlegen. Vieles spricht dafür, dass es sich bei dieser Person um einen Scharlatan handelt oder, wie ich sie nenne, um »Jahrmarkt-Wahrsager«. Ganz zu schweigen von jedem, der von einem Klienten fordert, er müsse ihm erst einmal viel Geld oder materielle Güter überlassen! Ich würde gern eine konkretere Antwort darauf geben, aber ich möchte die religiösen Überzeugungen anderer nicht verletzen. Das wäre so, als würde ich behaupten: »Ich bin eine höhere Autorität«, um dem zu widersprechen, was ein anderer von seiner Kirche hört. Ich kann nur für mich selbst reden und sagen, dass ich, Gott ist mein Zeuge, von Herzen versuche, mit der Begabung, die mir gegeben wurde, nur gute, positive und von Liebe bestimmte Arbeit zu tun. Ich glaube, wenn Sie diese Begabung haben, dann sollten Sie sich anhand derartiger Kriterien prüfen. Und darüber hinaus ist es mir persönlich egal, mit welchem Begriff irgendwer mich oder das, was ich tue, bezeichnet, solange es nicht abwertend ist.

Gibt es eine wirksame Möglichkeit, negative Energie in meinem Zuhause oder in meinem Umfeld loszuwerden?

Dazu sind weder Ausräuchern noch Duftstoffe, Kerzen oder Ähnliches notwendig. Ich habe herausgefunden, dass es am besten ist, wenn ich mich auf das Licht Gottes in meinem Inneren konzentriere und den Geist der vollkommenen Liebe – der letztlich Gott ist – bitte, meinen Körper und mein Heim zu reinigen, innen und außen. Bitten Sie einfach Gott. Nennen Sie es ein Gebet, wenn Sie wollen. Ich nenne es »spirituelle Gesundheitspflege«. Und ich hebe mir das nicht für besondere Gelegenheiten auf, sondern führe es regelmäßig durch, so wie das Zähneputzen und Duschen. »Spirituelle Gesundheitspflege« – ich weiß nicht, ob ich diesen Begriff erfunden habe, aber er gefällt mir.

Können Medien die Ergebnisse bei Pferdewetten voraussagen?

Ob sie das können? Möglich. Vielleicht würden sie anfangs auch damit durchkommen. Doch eigentlich bezweifle ich das. Ich bin darin sehr entschieden: *Ob* sie es *können*, ist eigentlich nicht die Frage, sie *sollten* sich nicht an Pferdewetten beteiligen. Ich glaube, dass mir meine Gabe nicht ohne damit verbundene Verpflichtungen geschenkt wurde. Meines Erachtens ist das immer so, wenn man Verantwortung übernimmt. In der Bibel heißt es: »Denn wem viel gegeben ist, bei dem wird man viel suchen; und wem viel anvertraut ist, von dem wird man umso mehr fordern.« Für mich enthält das die Verpflichtung, mein Verhalten zu überprüfen und zu versuchen, mit der Fähigkeit, die mir gegeben wurde, das Richtige zu tun. Ich weiß stets, wann es angemessen ist, um etwas zu bitten, und wann nicht. In Wahrheit ist es so, dass die Andere Seite immer weiß, wenn ich etwas brauche. Das gilt eigentlich für jedermann, doch ich denke, meine einzigartige Erfahrung hat mich dafür bewusster werden lassen als die meisten. Wenn ich wirklich etwas brauche, dann weiß ich, dass die Andere Seite mir dabei helfen wird, es zu bekommen. Mit »brauchen« meine ich, dass damit immer ein höheres Gut verbunden ist. Wenn ich eine Million Dollar in der Lotterie gewinne, ist das dann mit einem höheren Gut verbunden? Wohl kaum. Es ist nur Geld. Doch es ist ein gewaltiger Unterschied, ob ich möchte, dass ein bestimmtes Pferd als Erstes in Meadowland durchs Ziel geht, weil ich eine

Wette laufen habe, oder ob ich möchte, dass mein Buch erfolgreich ist, weil die Botschaften, die darin stehen, für die Menschen wichtig sind.

Weiß Gott, ob wir »begehren unsres Nächsten Weib« (oder eben auch den Mann)?

Gott weiß alles, deshalb würde ich persönlich solche linken Heimlichkeiten gar nicht erst versuchen und glauben, damit davonzukommen. Die materielle Ebene ist ein Ort voller Herausforderungen und Verführungen. Hier herrscht keine Vollkommenheit wie auf der Anderen Seite, und sie enthält jede Art von Versuchungen. Wir alle sind hier, um zu lernen, und ich für meinen Teil kann nicht so tun, als würde ich die Natur der Lektionen kennen, die anderen gestellt werden. Manchmal erkenne ich selbst meine eigenen erst sehr viel später. Deshalb möchte ich in dieser Frage nicht pharisäerhaft sein. Es steht mir nicht zu, das Tun anderer zu entschuldigen oder zu verurteilen.
Aber ich kann Ihnen Folgendes mitteilen: Wenn jemand versuchte, sich an John ranzumachen, dann hätte ich mit Sicherheit etwas dazu zu sagen – diejenige würde sich eine ganze Menge mehr einhandeln, als ihr lieb ist! Außerhalb meiner Beziehung, wenn ich zum Beispiel Gerüchte höre, versuche ich mich eines Urteils zu enthalten. Bei Situationen, von denen ich nicht direkt betroffen bin, gebe ich mir große Mühe, keine Meinung zu haben. Das steht Gott zu.

Angenommen, jemand hatte eine Affäre, wurde aber nie erwischt. Würde der Partner es herausfinden, sobald er auf der Anderen Seite angekommen ist?

Aber natürlich würde er die Wahrheit dort kennen. Auf der Anderen Seite wissen sie alles. Doch sobald sie dort sind, wird dieses Wissen sie nicht verletzen. Vergebung wird dort großgeschrieben. Dennoch heißt das auf keinen Fall, dass dieser Vertrauensbruch nicht von Bedeutung ist. Und es heißt auch nicht, dass die daran Beteiligten ungeschoren davonkommen. Dieses Glück haben sie nicht. Derartige Handlungen beeinflussen nicht nur die beiden, die daran beteiligt sind, und ihre jeweiligen Partner – sie haben Einfluss auf viele Menschen, die mit den beiden auf irgendeine Weise verbunden sind, und karmisch kann es sehr lange dauern, bis das wieder ausgeglichen ist.

Warum setzen manche Medien bei der Sitzung Karten oder eine Kristallkugel ein?

Als ich anfing, öffentlich zu arbeiten, legte ich immer Tarotkarten, einfach um die Aufmerksamkeit von mir abzulenken. Sie waren buchstäblich ein Ablenkungsmanöver: Ich hatte Angst, ohne die Karten würden mich die Menschen kritisch bewerten oder denken, ich wäre merkwürdig, weil ich etwas hörte oder sah, was sie nicht hören oder sehen konnten. Ich befürchtete, sie würden mir nicht glauben. Das Kartenlegen schien etwas Greifbareres zu sein.

Ein großes Problem war allerdings, dass ich eigentlich gar keine Karten legen konnte. Ich hatte nie gelernt, was die einzelnen Symbole bedeuteten. Das war dann manchmal peinlich, weil ich ab und zu eine Klientin hatte, die darüber weit mehr wusste als ich. Dann sagte sie zum Beispiel: »Aber bedeutet diese Karte nicht das ›Haus der Liebe‹?« Und ich hatte keine Ahnung, worüber sie sprach, also konnte das ganz schön brenzlig werden.

Aus heutiger Sicht war es schon blödsinnig, mich selbst in so eine Lage zu bringen und zu denken, dass das besser sei, als einfach die Wahrheit zu sagen. Doch mit der Zeit kam der Punkt, wo ich gar nicht mehr daran dachte, auf die Karten zu sehen, so dass meine Tarnung eigentlich aufflog. Das Interessante daran war, dass die Karten für mich lediglich ein Hilfsmittel darstellten. Ich möchte nicht »Krücke« dazu sagen, denn eigentlich waren sie mehr ein Werkzeug, das mir half, von einem Ort zum nächsten zu kommen. Sie halfen mir, Selbstvertrauen aufzubauen, denn auch wenn sie nicht die Quelle der Botschaften waren, die ich weitergab, erlaubten sie mir, mich in meinem neuen Beruf zu bewähren und Bestätigung von meinen Klienten zu bekommen, dass die Botschaften echt waren. Sobald ich dann feststellte, dass ich sie nicht mehr brauchte, entfernte ich sie von meinem Tisch.

Es ist schon komisch, denn es gab tatsächlich einige Klienten, die wiederkamen und regelrecht enttäuscht waren, als ich die Karten nicht mehr benutzte. Sie mochten die Karten, und ich konnte sie nicht überzeugen, dass sie ohne jede Bedeutung waren. Abgesehen davon scheint es aber Leute zu geben, die wirklich ein Talent dafür haben, die verschiedenen Symbole der Karten zu interpretieren oder deren Verteilung, wie sie nach dem Mischen zu liegen kommen. Ich glaube, das ist eine echte Begabung. Doch ich glaube auch, dass diejenigen, die sehr gut darin sind – Karten hin, Karten her –, auch die »guten alten« übersinnlichen Fähigkeiten haben müssen. Ich persönlich kann mir nicht vorstellen, wie Karten allein echte Macht haben sollten.

Worin unterscheidet sich Ihre Herangehensweise von der anderer Medien?

In letzter Zeit habe ich nicht viele andere Medien erlebt. Aber ich suchte zahlreiche auf, als ich in meinen Zwanzigern war und mich mit meinen Fähigkeiten auseinanderzusetzen versuchte. In vielen Fällen schien das Ganze mit mehr Trara als notwendig verbunden zu sein. Ich bevorzuge es, mit einem Geist Verbindung aufzunehmen und ziemlich schnell zu erfassen, worum es ihm geht, auch wenn es für mich etwas von einem Puzzle hat, das ich zusammenfüge. Und falls ein Klient eine bestimmte Person ansprechen will, dann kann ich denjenigen *fast* immer erreichen. Mir ist klar, dass das für manche vielleicht etwas angeberisch klingt, aber ich liefere meine Leistung ab. Jeder Mensch hat eine eigene Persönlichkeit. Das gilt ebenso für uns – auch ein Medium ist nur ein Mensch. Ich vergleiche die Art und Weise, wie ich arbeite, gern mit einer Imbissköchin. Sie brauchen mir nur zu sagen, was Sie möchten, und ich stelle es auf die Theke. Manche Kollegen liefern eine Arbeit ab wie ein schlechtes Vorspiel – man könnte auch gut ohne auskommen, es bringt überhaupt nichts, sondern nervt nur. Es liegt einem auf der Zunge, zu sagen: »Komm endlich auf den Punkt.«

Gibt es Methoden, mit denen »Durchschnittsmenschen« ihre übersinnlichen Fähigkeiten verbessern können?

Es ist ganz einfach. Ich habe bereits erwähnt, dass wir zu Beginn eines Zeitalters leben, in dem immer mehr Menschen ihre Achtsamkeit auf übersinnliche und andere Fähigkeiten richten, die immer noch als außergewöhnlich gelten. Schauen Sie sich nur mal die Populärkultur an – die Gedanken gibt es heute bereits, wir sind von ihnen umgeben, und die Wirklichkeit folgt immer den Gedanken. Alles ist erst gedanklich, bevor es sich materialisiert. Kinder werden diese Fähigkeiten sehr viel schneller entwickeln als Erwachsene, denn Kinder haben keine andere Aufgabe, als sich ihre Welt zu erobern. Was wir »Parapsychologie« nennen – Geistwesen zu sehen und zu hören, die auf die Andere Seite hinübergegangen sind, und mit ihnen zu kommunizieren –, ist in der Welt eines

Kindes bereits etwas Reales. Wenn diese Realität von den Eltern bestätigt wird, statt lächerlich gemacht oder verleugnet zu werden, dann wird das Kind diese Fähigkeit auch nicht verlieren. Eigentlich sind es die Eltern, die am meisten zu lernen haben. Aber wie ich bereits sagte, wenn Sie sich umschauen, dann werden Sie erkennen, dass wir jetzt jeden Tag mehr über diese Wirklichkeiten lernen.

Eine Methode, mit deren Hilfe ich mich auf meine Mitte konzentriere und den Kontakt zu Gott und der Anderen Seite offenhalte, ist die Meditation. Es kann sehr hilfreich sein, wenn man sich während des Tages Zeit nimmt, zur Ruhe zu kommen, tief zu atmen und sich dieser Verbindung zu öffnen. In tiefer Konzentration drücken Sie Ihren Wunsch aus, mit Ihren geistigen Führern in Kontakt zu kommen. Sie können visualisieren, dass Sie ein Fenster öffnen, um die Andere Seite hereinzulassen. Grundsätzlich ist es notwendig, Achtsamkeit zu üben. Wir müssen wieder lernen, auf die Instinkte zu hören, die Gott uns gegeben hat, auf die leise Stimme, die neben unserer in unserem Kopf zu vernehmen ist, auf die verschiedenen Empfindungen in unserem Körper zu achten, die von den anderen Wahrheitsebenen künden und ständig in unserem Umfeld ablaufen. Auch wenn unsere übersinnlichen Fähigkeiten eine spielerische Komponente haben, geht es dabei nicht um Unterhaltung. Ihre Bestimmung ist, zu unserem Schutz und Seelenwachstum beizutragen, mit anderen Worten, uns Lektionen lernen zu lassen.

Ein klassisches Beispiel wäre, wenn Sie in einem Laden stünden und eine Stimme in Ihrem Kopf flüsterte: »Der Verkäufer ist gerade in den Nebenraum gegangen. Jetzt könnte ich diese Ohrringe in meine Tasche stecken, fürs

Kaugummi bezahlen und dann gehen – niemand würde davon etwas mitbekommen, und ich hätte hübsche neue Ohrringe.« Dann sagt diese andere Stimme, deren Aufgabe es ist, Sie zu beschützen und zu warnen: »Schätzchen, lass das lieber. So dringend brauchst du sie nicht. Selbst wenn du nicht erwischt wirst, werden sie dich immer an einen Augenblick erinnern, in dem du unehrlich warst, und du würdest nie wirklich Freude daran haben.«

Auch wenn Sie nicht glauben, dass Sie mit übersinnlichen Kräften begabt sind, gibt es kaum jemanden, der nicht von etlichen Gelegenheiten berichten könnte, als er das starke Gefühl hatte, dass er sich von einem bestimmten Menschen fernhalten oder einen gewissen Ort und eine spezielle Situation meiden sollte. Dieses Gefühl war nicht mehr oder weniger als der sechste Sinn, von manchen »ASW« genannt (»außersinnliche Wahrnehmung«), was im Grunde eine Form der übersinnlichen Wahrnehmung ist. Doch statt uns hinsichtlich unseres eigenen Verhaltens zu warnen, warnt es uns bezüglich des Verhaltens von anderen.

Mir fallen gleich mehrere Situationen ein, in denen ich diese ganz gewöhnliche Form der ASW in meinem eigenen Leben einsetzte. Bevor ich an die Öffentlichkeit ging, arbeitete ich zum Beispiel in einem renommierten Sportgeschäft. Da war ein Typ, Willy, der im Kundendienst tätig war. Wenn ich ihn sah, überkam mich immer das Gefühl, dass er irgendwie merkwürdig sei. Ich spürte, dass mit ihm etwas nicht stimmte, doch ich wusste nicht genau, was. Es beunruhigte mich, aber ich konnte nichts tun, da er immer »nur seine Arbeit zu machen« schien.

Eines Tages war ich mit dem Auto unterwegs und sah

Willy mit einem kleinen Jungen; beide trugen sie Baseballtrikots. Plötzlich »wusste« ich, dass Willy ein Kinderschänder war. Nun war ich wirklich außer mir und überlegte, was ich tun könnte. Zwar wusste *ich* es, aber ich hatte keine Möglichkeit, es zu beweisen. Doch dann hörte ich in meinem Kopf die Andere Seite zu mir sprechen: »Eine Lösung bahnt sich an.« Mir wurde klar, dass ich den Dingen zunächst ihren Lauf lassen musste, ohne mich einzumischen, und darauf zu vertrauen hatte, dass das Richtige geschehen würde.

Kurz danach fanden die Eltern des kleinen Jungen Briefe an ihren Sohn. In Wirklichkeit hatte Willy sie verfasst, doch sie waren so geschrieben, als kämen sie von jemand anderem. Der Junge war sehr erschrocken gewesen über bestimmte Sachen, die Willy mit ihm gemacht hatte, und versuchte, jeden Kontakt mit ihm zu vermeiden. Er weigerte sich, Willy zu treffen, und Willy hatte versucht, ihn wieder unter seinen Einfluss zu bekommen. In den Briefen standen Drohungen wie: »Wenn du dich nicht mit Willy triffst, werde ich deine Eltern töten.« Furchtbares, verrücktes Zeug.

Als die Eltern die Briefe fanden, zählten sie schnell zwei und zwei zusammen und gingen zur Polizei. Willy wurde festgenommen, verweigerte die Aussage und wanderte schnurstracks ins Gefängnis. Zugegeben, in diesem Fall hatte ich die zusätzliche Bestätigung von den Geistern bekommen, dass sich »eine Lösung anbahnte«, doch mein ursprünglicher Impuls – aus dem Bauch heraus, der sechste Sinn der Feld-Wald-und-Wiesen-Art – war, dass da etwas Ungutes mit dieser Person verbunden war. Nun ist er dort, wo er meines Erachtens hingehört: hinter Gittern.

Sind Kinder medialer veranlagt als Erwachsene?

Ich glaube, dass das grundsätzlich zutrifft. Beispielsweise haben viele Kinder Erinnerungsfetzen davon, wer sie früher, in anderen Leben, einmal waren, und sie sind sehr empfangsbereit für das Geistige. Sie wissen weit mehr, als man ihnen zutraut, darüber, wer es mit ihnen gut meint und wer nicht – im Allgemeinen haben sie eine starke außersinnliche Wahrnehmung (ASW), denn sie haben die Andere Seite noch nicht lange verlassen, so dass die Zeit hier zu kurz war, um ihr Auffassungsvermögen gravierend zu beeinträchtigen. Sie sind noch empfangsbereit.

Ich war noch ein sehr kleines Mädchen, als meine Eltern eines Abends auf eine Hochzeit gehen wollten. Unser vertrauter Babysitter war an dem Abend nicht verfügbar, und ein junger Mann aus der Nachbarschaft bot sich an, auf uns aufzupassen. Ich wusste, irgendetwas an diesem jungen Mann war »merkwürdig«. Und so sagte ich meinem Vater, ich wolle nicht, dass er auf uns aufpasst. Mein Vater war klug genug, darauf zu vertrauen, dass ich dafür einen guten Grund hatte, und lehnte das Angebot des jungen Mannes ab. Als ich etwa elf Jahre alt war, gehörten meinem Vater drei oder vier Reinigungen, in denen ich ihn zu den verschiedensten Zeiten besuchte. In einem der Geschäfte arbeitete ein neunzehnjähriges Mädchen, Nancy, die ich sehr mochte und mit der ich gern zusammen war. Im zweiten Stock des Gebäudes wohnte ein junger Mann namens Ted, und ich hatte ihn oft gesehen, wenn ich bei Nancy war.

Eines Tages wollte ich Nancy besuchen, aber sie war nicht im Laden. Doch Ted war da, und er lud mich ein, mit nach oben zu kommen und dort auf Nancy zu warten. Ich bekam ein ungutes Gefühl im Bauch – meine ASW machte sich bemerkbar –, und ich sagte: »Nein danke.« Ted versuchte, mich zu überzeugen, drängte, er habe oben etwas, was er mir unbedingt zeigen wolle, aber ich lehnte dennoch ab. Kurz danach kam mein Vater. Er sagte, dass Nancy an dem Tag nicht mehr käme, und nahm mich mit.

Als ich einige Zeit später wieder ein paarmal im Laden war, fiel mir auf, dass ich Ted nie mehr sah. Ich fragte meinen Vater: »Wo ist eigentlich Ted?« Mein damaliges Bauchgefühl, nicht mit ihm mitzugehen, hatte mich nicht getrogen. Mit Ted stimmte etwas ganz und gar nicht. Er war eine gequälte Seele. Mein Vater erzählte mir, dass man ihn in seiner Wohnung tot aufgefunden habe. Er hatte sich erhängt.

Die Kinder dieser neuen Generationen öffnen sich dem Universum. Sie setzen ihre Liebe und Güte ein, und weit mehr als die Generationen vor ihnen erinnern sie sich daran, woher sie kommen. Kinder hatten immer die Fähigkeit, die Toten zu sehen, doch heute, wo ihre Eltern allmählich offener dafür sind, stellen sie mehr Fragen. Sie spüren, dass ihre Ansichten zu diesem Thema eher akzeptiert werden. Und sie nähern sich der Angelegenheit so, wie sie sich jedem anderen Bereich ihrer Welt und ihrer Erfahrung nähern würden. Kinder haben generell einen viel ungetrübteren sechsten Sinn als Erwachsene.

Nehmen Sie als Beispiel ein Kind, das in einen Unfall verwickelt war, bei dem beide Elternteile getötet wurden.

Nur der fünf Jahre alte Junge überlebt den Zusammenstoß. Eine Menschenmenge versammelt sich um das Wrack. Von all den Menschen, die dort sind, wird das Kind immer automatisch zu dem Menschen hingezogen werden, bei dem es in Sicherheit ist. Das ist angeboren. Auch in einer Situation, in der ein »schlechter Mensch« das Kind überreden will, mit ihm zu gehen, *weiß* das Kind, dass mit diesem Zeitgenossen irgendetwas nicht stimmt. Doch meist lehren die Eltern ihre Kinder, Erwachsene wären generell Respektspersonen, so dass es ihnen falsch vorkommt, nein zu sagen. Sie werden entgegen ihrer eigenen ASW mitgehen, wenn die Eltern nicht die Kinder auffordern, auf ihr Bauchgefühl zu hören und ihm zu folgen.

Können Kinder tatsächlich mit Geistern kommunizieren?

Ich will wirklich nicht zu stark verallgemeinern, aber ich glaube, dass die meisten, wenn nicht alle Kinder diese Fähigkeit haben. Doch, ich wiederhole mich, es hängt davon ab, wie viel Unterstützung das Kind bekommt, wenn es seine Erfahrungen gegenüber Eltern oder Geschwistern erwähnt – also Menschen, die es als Vorbilder ansieht. Manche Kinder werden wegen ihrer »geheimnisvollen« oder »unsichtbaren« Freunde vielleicht geneckt und wollen infolgedessen nicht mehr darüber reden, wen sie sehen oder mit wem sie sprechen. Und in den meisten Fällen

richten Kinder mit der Zeit ihre Aufmerksamkeit ausschließlich auf die materielle Welt. Damit verlieren sie ihre Fähigkeit, diese Art von Kontakten zu haben.
Für mich persönlich gehören die Geschichten, die mir meine Klienten von Kindern erzählen, welche mit ihren verstorbenen Verwandten reden, zu meinen liebsten. Einmal kam eine junge Frau zu mir und berichtete, dass ihre Mutter vor ein paar Jahren gestorben sei, sie aber noch nicht bereit sei, ohne ihre Mutter zurechtzukommen. Sie war sehr traurig und aufgewühlt, sie vermisste sie einfach so schrecklich. Sie hatte selbst eine Tochter, die noch ganz klein war. Eines Tages sagte ihre kleine Tochter (die damals etwa vier oder fünf Jahre alt war) zu ihr: »Sei nicht traurig. Es geht ihr dort gut! Sie macht immer so!«, und das kleine Mädchen schürzte die Lippen, als ob sie jemandem einen herzhaften, feuchten Schmatz geben wollte.
Meine Klientin war sprachlos. Sie erzählte mir, dass ihre Mutter ihr vor einigen Jahren, als ihre Tochter noch ein Baby war, von einem Traum erzählt hatte. Und zwar habe sie von ihrer neugeborenen Enkelin geträumt, die ihr einen Kuss gegeben habe. Und am nächsten Morgen sei sie aufgewacht, und ihr Mund sei immer noch gespitzt gewesen. Ihre Mutter und sie hätten zu deren Lebzeiten immer wieder über diesen Traum lachen müssen.
Eine andere Geschichte, die ich sehr hübsch fand, hörte ich von einer Frau, die einen Onkel (der Bruder ihrer Mutter) namens Nick hatte. Nick war gestorben, als diese Frau dreizehn Jahre alt war. Später heiratete sie, bekam einen Jungen und beschloss, diesen nach dem Onkel zu nennen. Das Baby war etwa achtzehn Monate alt, als ihre Mutter zu Besuch kam, sie in der Küche saßen und sich

unterhielten, während Baby Nick oben in seinem Bettchen lag. Sie konnten ihn über das Babyphon hören, und es amüsierte sie, wie er so vor sich hin plapperte und lachte. Zusammen gingen sie nach oben ins Kinderzimmer, wo der kleine Nick in seinem Bettchen stand. Angesteckt von der Begeisterung ihres Sohnes, ging sie zu ihm und sagte enthusiastisch: »Na, mit wem redest du denn?« Und ihr Sohn zeigte auf eine Ecke des Zimmers und sagte: »Nick!«

Wie können wir unsere übersinnlichen Fähigkeiten zum größtmöglichen Guten einsetzen?

Wir alle haben eine ganze Bandbreite von übersinnlichen Begabungen, die sämtlich ein Geschenk Gottes sind. Es liegt in der Hand des Einzelnen, seine Gaben zu pflegen und zu entwickeln, und zwar durch Herz und Geist, nicht durch das Ego. Sie werden zum größtmöglichen Guten führen, wenn derjenige, der diese Gabe hat, sich gewissermaßen der Gefolgschaft Gottes unterwirft und bereit ist, den Anweisungen Gottes zu folgen, um »das Gute abzuliefern«. Immer mehr Menschen tun das ganz bewusst. Der Schleier, der uns von der Anderen Seite trennt, besteht aus verdichteter Bewusstheit. Durch die Wahl, die wir treffen, durch die Handlungen, die wir ausführen, und die Fertigkeiten, die wir entwickeln, kommt die Menschheit dem Himmel näher – es ist nicht der Himmel, der uns näherkommt.

Welche Art der Meditation praktizieren Sie?

Im Jahr 1977, ich war gerade vierundzwanzig, besuchte ich einen Kurs in transzendentaler Meditation (TM). Das war zu der Zeit, während ich mit der Anderen Seite wieder Verbindung aufzunehmen versuchte. Als Teenager hatte ich mit meiner Fähigkeit nichts mehr zu tun haben wollen. Toten zuzuhören war nicht gerade typisch für Sechzehnjährige, ich wollte einfach nur so normal wie möglich sein und mich nicht von meinen Freunden unterscheiden. Doch als ich dann über zwanzig war, revidierte ich meine Einstellung. Und so war das einer der Schritte, die ich unternahm, um zu lernen, wie man ruhig wird und den Fokus nach innen richtet. Ich war eigentlich mehr der gesellige Typ, der für jeden Spaß zu haben ist, und so war das für mich ziemlich ungewohnt. Aber es half mir wirklich, denn es brachte mich mit allem in Verbindung, was ich über die Andere Seite weiß.

Im Grunde genommen können Sie jede Art der Meditation anwenden, die Sie weiterbringt und Ihren Ort inneren Glücks finden lässt. Manche Menschen gelangen dorthin, indem sie einen Rosenkranz oder andere Gebete sprechen. Sie können leise Musik anstellen, Kerzen anzünden, sich zurücklehnen und an all das in Ihrem Leben denken, was Ihnen lieb ist. Ich nehme meist sieben tiefe Atemzüge, während ich spreche: »Ich überlasse alles deinen Händen, Gott«, und ich denke mir: »So wünsche ich mir mein Leben.« Und dann übergebe ich es im Geiste an Gott. Es ist jedes Mal anders. Besonders gern mache ich

das kurz vor dem Schlafengehen. Eigentlich besteht meine Meditation aus Variationen meines eigenen Gebets über das, was ich mir wünsche, wie ich mein Leben gern hätte: meine Arbeit, die Menschen, die ich liebe. Ich kann es überall durchführen – dazu brauche ich keinen Lotussitz und auch kein Meditationskissen. Ich könnte dabei auf einem Floß sitzen oder mit John im Auto oder allein sein und einfach diese Art Gebet im Stillen sprechen. Ich möchte die Sachen immer möglichst einfach halten, das funktioniert bei mir am besten.
Ab und zu, wenn vielleicht gerade etwas Wichtiges ansteht, dann führe ich es aufwendiger aus, mehr als Ritual, und manchmal ist mir einfach danach, die Sache etwas verspielter zu gestalten. Doch in der Mehrzahl der Fälle ist es einfach ein Teil meines Alltags wie beispielsweise das Kochen: Häufig mag man einfach nicht viel Aufhebens davon machen. Papierservietten sind für das alltägliche Abendbrot durchaus angemessen. Hat man aber Gäste zum Essen, dann holt man die Stoffservietten mit den Serviettenringen heraus, die Kerzen und das gute Geschirr. Man gibt sich mehr Mühe, macht es zu etwas Besonderem.

Warum sind wir nicht alle von Geburt an schön?

In Gottes Auge sind wir alle wunderschön! Und auch hier gilt wieder: Wir haben die Wahl. Schönheit hängt davon ab, wie wir selbst uns sehen. Was die Gesellschaft als »schön« oder »hübsch« bezeichnet, ändert sich jedes Jahr, ganz zu schweigen von größeren Zeiträumen. Wenn Model-Casting-Sendungen im fünfzehnten Jahrhundert stattfänden, würden wir auf dem Laufsteg Botticelli-Engel sehen und nicht einen Meter achtzig große Vierzig-Kilo-Streichhölzer, sondern weiblich geformte Beine, üppige Hintern, runde Bäuche sowie mehr oder weniger große Brüste. Die körperliche Schönheit und unsere Vorstellung davon ist wandelbar und vergänglich, doch der Geist ist es nicht. Gott schuf den Geist jedes Einzelnen als Schönheit.

Sie glauben, dass wir unsere Persönlichkeit auf der Anderen Seite beibehalten. Was ist aber mit Menschen, die eine Hirnschädigung hatten und deren Persönlichkeit dadurch entscheidend verändert wurde?

Viele Menschen verwechseln Verhalten und Persönlichkeit. Doch das sind wirklich zwei verschiedene Dinge. Wenn das Gehirn geschädigt ist – egal, ob angeboren, durch einen Unfall oder eine Krankheit –, dann ist es nicht wirklich die Persönlichkeit, die sich ändert. Auf der Seelenebene bleibt sie dieselbe, doch die körperlichen Probleme behindern die Fähigkeit dieses Menschen, seine Persönlichkeit auszudrücken. Ich muss zugeben, dass die Wirkung – unabhängig von der Ursache – dieselbe zu sein scheint. Aber auf der Anderen Seite ist alles

Vollkommenheit, und folglich ist die dortige Persönlichkeit die wahre. Niemand nimmt seinen Hirnschaden dahin mit.
Um es noch einmal anders zu sagen, im Fall einer organischen Hirnschädigung im Diesseits können wir vielleicht die wahre Persönlichkeit hier und da aufblitzen sehen, aber die körperlichen Einschränkungen des Betreffenden hindern diesen vielleicht daran, uns zu zeigen, wer er wirklich ist.

Können auch Menschen, die nicht medial veranlagt sind, Engel sehen?

Ja, ich glaube fest daran, dass das unter bestimmten Umständen möglich ist. Die Engel werden sich uns zeigen, auch wenn wir vielleicht nicht einmal begreifen, dass das, was wir sehen, ein Engel ist. Denn sie zeigen sich möglicherweise in einer Gestalt, die vollkommen menschlich aussieht. Jemand, der auftaucht und für dich alles zum Guten wendet, wenn du wirklich in Not bist, und dann »auf magische Weise« wieder verschwindet, könnte im Grunde ein Engel sein.
Eine Frau schrieb mir, seit ihr Vater unter Alzheimer litt, behaupte er, dass er Engel sehe. Eine Zeitlang schien er Angst vor ihnen zu haben, doch später begann er die Erscheinungen zu akzeptieren, winkte ihnen zu und sagte: »Wir sehen euch.« Sie erzählte, ihre Mutter sei deshalb sehr besorgt, sie selbst aber habe das Gefühl, sein

Gehirn sei auf eine Art und Weise verändert, die seine Wahrnehmung viel schärfer hatte werden lassen. Mit anderen Worten: Er konnte jetzt sehen, was für andere unsichtbar war.

Ich muss zugeben, dass Alzheimer und Demenz etwas Beängstigendes haben. Es ist so verwirrend, etwas nicht mehr zu verstehen, was für uns früher selbstverständlich war. Manchmal ist der Betroffene sich dessen völlig unbewusst, doch zu anderen Zeiten merkt er es, was für ihn äußerst belastend sein kann. Der Vater dieser Frau hat zwar eine Fähigkeit verloren, aber eine andere hinzugewonnen – das mit eigenen Augen sehen zu können, was für uns normalerweise unsichtbar ist. Natürlich kann auch dies beängstigend sein, doch es klang so, als habe er sich daran gewöhnt und keine Angst mehr. Er hat verstanden, dass »sie« ihm nichts tun wollen. Normalerweise haben wir Probleme mit Dingen, die wir nicht spüren oder anfassen können, doch Engel sind ständig in unserer Nähe. Es gibt keinen Grund, sie zu fürchten.

Können Geister reisen? Oder erscheinen sie nur dort, wo sie früher gelebt haben? Wenn beispielsweise mein Großvater niemals in Spanien war, könnte er als Geist dorthin gehen?

Geistwesen können reisen, wohin sie möchten. Bevorzugt halten sie sich in der Nähe von geliebten Menschen auf, doch heutzutage sind unsere Lieben häufig über die ganze Welt verstreut, im Gegensatz zur »guten alten Zeit«, als die seit Generationen immer größer gewordene Familie im Umkreis von drei Nachbardörfern wohnte. Dabei möchte ich jedoch klarstellen, dass die Geister zwar am liebsten in unserer Nähe sind, sie aber hingehen können, wohin sie wollen.

Mein Vater liebte es, lange Autofahrten zu unternehmen. Im Alter versagte ihm sein Körper dieses Vergnügen – er konnte nicht mehr lange sitzen, ohne Schmerzen zu bekommen, und er musste zu häufig die Toilette aufsuchen, so dass diese Touren für ihn nicht mehr angenehm waren. Doch nachdem er auf die Andere Seite gewechselt war, erzählte er mir, dass er mit meinem Bruder Harold ausgedehnte Fahrten durch die Berge unternahm. Es ist das, was er so liebt, also ist es auch das, was er tut. Ein anderer würde vielleicht sagen: »Ich hatte nie die Zeit oder das Geld, große Reisen zu unternehmen, solange ich noch in körperlicher Gestalt war. Deshalb denke ich, dass ich jetzt mal schnell zum Eiffelturm hinüberhusche.« Oder: »Ich wollte immer schon mal einen Wal in seiner natürlichen Umgebung sehen.« Die Geistwesen können das tun. Warum? Weil auf der Anderen Seite alles vollkommen ist.

Kann uns ein Geist auch in den Arm nehmen, wenn er das möchte?

Ja, ich bin mir ganz sicher, das ist möglich – auf jeden Fall können sie eine Empfindung auslösen, die annähernd einer Umarmung entspricht. Dabei setzen sie keine Hände oder andere Körperteile, sondern Energie ein. Sie können sich energetisch dicht an einen drücken.
Mir haben Leute schon erzählt, dass sich ein lieber Verstorbener auf ihr Bett gesetzt hat und sie fühlen konnten, wie sich die Matratze dabei eindrückte. Eine Frau schrieb mir, dass ein lieber Verstorbener sie sogar manchmal sorgfältig zudeckte. Wieder eine andere Frau berichtete, dass, ein paar Monate nachdem ihr Ehemann hinübergegangen war, er sie des Nachts besuchte und sie dicht an sich zog. Der Hund schlief am Fußende des Bettes, und in dem Moment, wenn sie ihren Ehemann spürte, begann der Hund zu winseln. Es war eindeutig, sowohl sie als auch der Hund spürten die Energie des Mannes. Im Brief einer anderen Frau stand, dass sie eines Tages gerade das Schlafzimmer sauber machte und sie im Augenwinkel etwas bemerkte. Als sie sich umdrehte, sah sie ganz deutlich einen kleinen Jungen, der aussah wie ihre jüngste Tochter. Sie wusste, der Junge war einer der Zwillinge ihrer Tochter, die sie schon in der frühen Schwangerschaft verloren hatte. Es war für sie sehr tröstlich, zu wissen, dass er immer noch in ihrer Nähe war. Und sie sagte, jetzt, wo sie von seiner Gegenwart wusste, erkläre sich auch, dass sie gelegentlich spüre, wie jemand an ihrem Hemdzipfel zupfte …!

Wie kann es sein, dass Geister an uns herumzupfen, wo sie doch keine Hände haben?

Das ist alles Energie. Ich kann nicht erklären, wie es genau funktioniert, doch buchstäblich alles, was hier passiert, geschieht infolge von Energie – vom Samenkorn, das zu einer Pflanze heranwächst, bis zum Kochen des Mittagessens. Wir können die Sauce in einem Topf umrühren, um den Prozess zu forcieren. Aber nichts, was wir mit unseren Händen tun, kann bewirken, dass aus einem Samenkorn eine Pflanze wächst. Sie bricht von selbst durch die Erde.

Geister sind bloße Energie, und irgendwie schaffen sie es, den Wasserhahn der Badewanne anzustellen, was ohne Einsatz der Hände für mich eine Herausforderung darstellt, aber sie kriegen es hin. Wir dürfen nicht vergessen, dass Energie der Kern unseres Daseins ist – unsere geistige Form – und der Körper nur eine Hülle oder ein Instrument. Wir sind daran gewöhnt, ihn als Notwendigkeit anzusehen, doch genau genommen schränkt er uns ein; ohne ihn sind wir tatsächlich viel mächtiger als mit ihm.

Was war die wichtigste Lektion, die Sie von der Anderen Seite gelernt haben?

Das lässt sich kaum entscheiden, doch die folgende fällt mir spontan ein. Zuvor möchte ich ein oder zwei (oder mehrere) Worte über Selbstvertrauen vorausschicken. Ich halte mich für einen ziemlich selbstbewussten Menschen. Ob das schon immer so war, da bin ich mir nicht so sicher, aber den größten Teil meines Lebens war ich es, und nicht nur deshalb, weil ich mich für so großartig halte. Ich hatte das Glück, liebevolle Eltern zu haben, die mich immer unterstützten und ermutigten. Das ist eine große Gnade, und ich habe Gott immer wieder dafür gedankt. Darüber hinaus hatte ich den Vorteil, dass ich eine Menge Hilfe von der Anderen Seite bekam. Obwohl ich Legasthenikerin war und nicht gerade die beste Schülerin, hat mir die Andere Seite immer vor Augen gehalten, dass ich ein guter Mensch bin, dass ich etwas wert bin. Sie erinnerten mich an die Dinge, die ich gut konnte, damit ich nicht ständig über das nachgrübelte, was mir nicht so gut gelang, wie manche Menschen es fortwährend tun.

Es gibt zum Beispiel einen Werbespot, in dem ein Mädchen ihren Vater anruft und ihm erzählt, dass sie in ihrem Physiktest eine Eins bekommen hat – und statt sich mit ihr zu freuen, ihr zu gratulieren und zu sagen, wie stolz er auf sie ist, fängt er an, sie auszuschimpfen, weil sie übers Handy statt übers Festnetz anruft und damit höhere Gebühren anfallen. Ich weiß, das sollte komisch sein, doch ich bin wirklich froh, dass meine Eltern nie so etwas gemacht hätten! Das gehört zu den Dingen, die einem das Selbstvertrauen zerstören können, einem das Gefühl geben, dass man nie etwas richtig machen kann, nie gut genug ist, und dieses Gefühl und diese Überzeugung können einem das Leben ziemlich ruinieren.

Warum Selbstvertrauen eine so große Rolle spielt? Weil es buchstäblich der Schlüssel dazu ist, das zu erreichen, was man will. Gott möchte, dass unser Leben reich an Dingen ist, die uns Freude machen – Gesundheit, Reichtum, Glück, Spaß, Liebe und Frieden. Alles ohne Ausnahme. Doch wenn wir kein Selbstvertrauen haben, dann haben wir das Gefühl, dass wir all das nicht verdienen. Und wenn wir glauben, es nicht zu verdienen, dann beginnen wir mit der Selbstzensur. Wir sagen: »Ich sollte das nicht haben«, »Ich werde das nicht nehmen« oder »Ein anderer braucht das wahrscheinlich dringender« … Ich rede nicht davon, dass man gierig, gefühllos oder kleinlich sein soll, sondern dass man sich nicht immer hinten anstellen muss, wenn etwas Interessantes angeboten wird, ob es ein Karrieresprung ist, ein interessanter Mensch in unser Leben tritt oder uns eine hübsche Wohnung angeboten wird. Sie wissen, was ich meine. Falls es das dritte Riesenstück vom Schokoladenkuchen ist, sollten Sie es vielleicht *wirklich nicht* nehmen. Aber wenn es eine Chance auf das Glück ist, ein Urlaub, weil Sie als millionster Besucher durch die Tür gekommen sind, oder ein Kompliment, weil Sie eine Arbeit sehr gut ausgeführt haben, dann nehmen Sie es an! Wem schadet das?

Manche Menschen mit sehr wenig Selbstvertrauen stehen ihrem eigenen Glück wiederum im Wege, weil sie so

tun, als platzten sie vor Selbstbewusstsein. Wenn Sie zu den Leuten gehören, die stolz darauf sind, sich von niemandem unterkriegen zu lassen, dann versuchen Sie doch mal, den Hebel umzulegen. Was gewinnen Sie durch die vermeintliche Coolness schon? Hat jemand wirklich Angst vor Ihnen? Und wenn, ist das so erstrebenswert? Wir alle brauchen einander. Sich den Habitus zu geben, als sei man unnahbar, ist dasselbe, als würde man sich bei der Verteilung der Wohltaten wieder hinten anstellen. Mir scheint, dass solche Menschen mehr verlieren, als sie gewinnen. In den meisten Fällen haben sie angefangen, diese Rolle zu spielen, damit die anderen nicht bemerken, wie nervös oder ängstlich sie im Grunde sind. Also, wie ich schon gesagt habe, warum nicht den Hebel umlegen? Holen Sie Ihr Lächeln aus der Requisitenkammer, bieten Sie jemandem Hilfe an, ob bei einem Projekt oder einer Notlage, in der er sich gerade befindet, und warten Sie ab, was passiert. Ich wette, Sie werden entdecken, dass Sie eine starke, selbstbewusste Persönlichkeit sind, auch ohne sich als »harte Nummer« zu geben. Und statt »Ich habe alles im Griff, also versucht bloß nicht, mir an den Karren zu fahren«, haben Sie die Einstellung: »Ich habe alles im Griff und kann erreichen, dass Ihnen und mir großartige Dinge passieren.« Toll! Viel besser!
Das gehört zu jenen Techniken, von denen ich wünschte, dass jeder sie täglich anwendet: sich selbst zu sagen, dass man vollkommen ist, ein guter Mensch und glücklich. Wenn in Ihrem Leben niemand da ist, der Ihnen »Streicheleinheiten« gibt, einfach weil Sie so sind, wie Sie sind, und weil Sie sich liebenswert verhalten (seien Sie ehrlich, Sie wissen genau, dass Sie liebenswert sind!), dann

müssen Sie sich halt selbst welche geben. Und dann lassen Sie Ihr Selbstvertrauen durch jeden Aspekt Ihres Lebens fließen, auch in das Bild, das Sie von Ihrem Körper haben.

Gerade das ist ein Bereich, in dem sich viele Menschen selbst fertigmachen, weil sie nicht dem vermeintlichen Schönheitsideal zu entsprechen glauben. Ich persönlich sehe immer gut aus – das ist bei mir reine Einstellungssache. Vielleicht haben Sie schon mal die Karikatur gesehen, die von Zeit zu Zeit durchs Internet wandert. Es ist das Bild einer Frau, die in einen bodenhohen Spiegel schaut, und wir sehen sie von hinten – sie hat ein Gesäß wie ein Brauereipferd. Doch im Spiegel sieht man ein wunderschönes, wohlgeformtes Reh. Und ich sage Ihnen: Das ist mein Spiegel! Wenn wir Selbstvertrauen haben, dann öffnet uns das Universum seine Arme!

Welche andere wichtige Lektion haben Sie von der Anderen Seite noch bekommen?

Für ebenso bedeutend halte ich die Lektion, sich gegenseitig zu respektieren und nicht die Dinge aus den Augen zu verlieren, die wirklich wichtig sind. Lassen Sie sich nicht von Nebensächlichkeiten verrückt machen. Die Devise gilt: Man muss sich darum bemühen, miteinander klarzukommen.

Als spirituelle Mahnung hat John eine Wandtafel, die er außerordentlich schätzt und auf der die Worte des berühmten Gedichts »Desiderata« stehen, das von Max Ehrmann in den zwanziger Jahren geschrieben wurde. Ehrmann war ein Philosoph und Dichter aus dem US-Bundesstaat Indiana (falls Sie sein Gedicht nicht kennen, können Sie es mit einer Suchmaschine leicht im Internet finden). Der Begriff »Desiderata« ist lateinisch und bedeutet »etwas, was als wesentlich ersehnt wird«, was ich als Ideal der vollkommenen Wichtigkeit verstehe. Das Gedicht beginnt mit der Aufforderung, man solle seinen Weg ohne Eile und Hast gehen und den Frieden in sich selbst zu finden suchen. Es handelt von der Lebensregel, ein liebevoller, liebender Mensch zu sein, der mit Bedacht und Gelassenheit handelt, glücklich und im Frieden mit sich selbst ist. John liebt dieses Gedicht; egal, wo wir gewohnt haben, er bestand darauf, es an die Wand unseres Schlafzimmers zu hängen. Und ich muss zugeben, dass John fast ausnahmslos sein Leben gemäß dieser Botschaft führt.

Das ist etwas, an dem wir beide arbeiten mussten. Vor Jahren hatten wir eine Meinungsverschiedenheit. Nun, um ehrlich zu sein, ist das noch untertrieben. Wir hatten einen handfesten Krach. John verließ das Haus, um zur Arbeit zu gehen, und ich hängte mich ans Telefon und beklagte mich über ihn. Da hörte ich plötzlich ein lautes Krachen aus dem Schlafzimmer. Ich rannte hin, um zu sehen, was diesen Lärm verursacht hatte, und sah Johns Wandtafel auf dem Boden liegen. Obwohl sich kein Mensch auch nur in der Nähe befand, war sie einfach heruntergefallen. Was das bedeuten sollte, brauchte mir niemand zu erklären – es war sonnenklar, dass mich die Geistwesen an die Bedeutung der Botschaft dieses Gedichts erinnern wollten.

Bei einer anderen Gelegenheit (habe ich schon oft genug erwähnt, dass ich nicht vollkommen bin?) haben John und ich uns gezankt, und unsere Einladungskarte zur Hochzeit, die wir in einem Rahmen an die Wand gehängt hatten, fiel einfach herunter. Auch hier war wieder kein Mensch in der Nähe. Und obwohl sie laut genug zu Boden fiel, dass wir darauf aufmerksam wurden, war ich doch dankbar, dass die Andere Seite überzeugt war, die Botschaft auch rüberbringen zu können, ohne das Glas zu zerbrechen.

Wenn ich darüber nachdenke, wie wichtig es ist, miteinander auszukommen und sich mit Freundlichkeit und Güte zu begegnen, fällt mir sofort meine Schwiegermutter und ihre Familie ein. Ich kann mich jetzt darüber lustig machen, doch um keine Missverständnisse aufkommen zu lassen: Ich habe mir wirklich lange Jahre die größte Mühe gegeben, eine gute Beziehung aufzubauen. Aber schließlich blieb mir nichts anderes übrig, als aufzugeben und mich zurückzuziehen. Die Andere Seite verlangt von uns nur, dass wir unser Bestes geben. Manchmal ist eine Situation wirklich nicht zu retten. Zuweilen kann man sich nur zu seinem Besten entwickeln, wenn man sich von einem Menschen oder den Umständen löst, die einen unglücklich machen oder davon abhalten, sich zu ebendiesem Besten zu entwickeln. Auf der Anderen Seite erwartet niemand von uns, dass wir in einer Situation verharren, in der wir schlecht behandelt werden. Selbst dann nicht, wenn es um die Familie geht.

Wie kann ich herausfinden, wer mein Schutzengel ist?

Ich kenne nur einen Weg, auf dem das möglich ist. Man muss seine Aufmerksamkeit auf die Andere Seite richten, dann kann man sehen, wer dort ist. Beispielsweise weiß ich, dass mein Vater und mein Bruder als Schutzengel für mich da sind. Doch bevor sie hinübergegangen sind, hatte ich bereits andere Schutzengel. Aber vergessen Sie nicht, selbst dann, wenn Sie die Namen Ihrer Engel wüssten, würden Sie die meisten davon gar nicht erkennen. Es handelt sich dabei um Geistwesen, die Sie durch viele frühere Leben begleitet haben, aber dieses Mal zustimmten, dort drüben zu bleiben, um über Sie zu wachen, während Sie Ihr irdisches Abenteuer absolvieren. Deshalb würden Sie sich aus der Perspektive Ihres gegenwärtigen Lebens nicht einmal an sie erinnern. Wenn Familienmitglieder und Freunde, die Sie aus diesem Leben kennen, hinübergehen, dann schließen sie sich diesen Engeln an, und so wird Ihr Team von Schutzengeln noch stärker.

Haben wir mehr als einen Schutzengel?

Das ist fast ausnahmslos so. Die meisten Menschen haben mehrere oder sogar sehr viele Schutzengel. Während meiner Arbeit als Medium sind mir nur zwei Fälle begeg-

net, wo ich für einen Menschen im Diesseits mit niemandem auf der Anderen Seite in Kontakt treten konnte, der sich um diesen Menschen kümmerte.
Warum diese beiden Menschen offensichtlich keinen Schutzengel hatten, weiß ich ehrlich gesagt nicht, obwohl ich im Lauf der Jahre immer wieder nach einer Antwort gesucht habe. Ich halte es für möglich, dass man den beiden vielleicht aus karmischen Gründen in diesem Leben bewusst die Unterstützung verweigerte. Etwa nach dem Motto: »Wenn du nicht schwimmen kannst, dann solltest du das schleunigst lernen, sonst gehst du unter.« Vielleicht haben sie versagt, als sie jemanden beschützen sollten, und aus diesem Grund soll das jetzige Leben dies ausgleichen. Oder vielleicht haben sie selbst sich dafür entschieden, ihren Weg allein zu gehen, um eine bestimmte Lektion zu lernen. Es kann allerdings auch sein, dass sie doch einen oder zwei Schutzengel hatten, diese aber aus irgendeinem Grund nicht zu mir sprechen durften. Ich habe darüber immer wieder nachgedacht – und zwar aus allen nur möglichen Blickwinkeln –, doch ich kenne die Antwort bis heute nicht.

Wenn ein geliebter Mensch gestorben ist, bevor mein Kind geboren wurde, weiß er dann von diesem Kind?

Ganz bestimmt. Oft werden die Verstorbenen bei der Verabschiedung des Babys dabei sein, der Seele viel Glück

wünschen und ihr Schutz von jener Seite des Schleiers versprechen. Oft hat das Kind in den ersten Lebensjahren eine intensive Verbindung mit einem Familienmitglied auf der Anderen Seite, bis – wie es im Allgemeinen der Fall ist – das Kind beginnt, sich mehr und mehr auf die physische Seite der Dinge zu konzentrieren, und diese Verbindung zum Geistigen verliert.
Letztes Frühjahr war ich in Chicago, um Aufnahmen für Fernsehproduzenten zu machen, als Tracy, eine junge Frau aus der Crew, mich ansprach. Sie erzählte, dass ihre Schwester Donna verstorben sei, bevor eines ihrer Kinder geboren wurde. Die Kinder hatten folglich ihre Tante nie kennengelernt. Doch eines Tages wachte ihr kleiner Sohn, der damals etwa drei Jahre war, von seinem Mittagsschlaf auf und sagte laut: »Herzlichen Glückwunsch zum Geburtstag, Donna.« Es war tatsächlich der Geburtstag ihrer Schwester! Sie war sich des Tages bewusst gewesen und hatte an ihre Schwester gedacht, aber das keinem anderen gegenüber erwähnt. Offensichtlich besaß ihr Sohn eine Verbindung zu einer Tante, die er in der materiellen Welt nie kennengelernt hatte.

Werden ungeborene Kinder beim zweiten Versuch von derselben Mutter geboren?

Nein, das glaube ich nicht. Nicht im gleichen Leben. Das ungeborene Kind und die Mutter werden sich wiederbegegnen, sie werden sich wiedererkennen. Doch nach meinem Verständnis wird dieselbe Mutter nicht wieder mit diesem Kind schwanger. Die betreffende Seele (das Baby) hatte eine spezielle Aufgabe in dem besonderen Leben, um eine bestimmte Lektion zu erteilen. Im nächsten Leben geht es wieder um etwas anderes, sowohl für die Mutter als auch für das Baby. Und vergessen Sie nicht, dass das »Baby« – als Seele betrachtet – genau genommen älter sein kann als die »Mutter«. Unabhängig davon, warum das Kind hierherkam, aber nicht geboren wurde, wird die Mutter die Antwort wissen, wenn sie auf die Andere Seite kommt. Es gibt eine Verbindung zwischen diesen Seelen – ein Band aus Liebe.

Sind Kinder mit Downsyndrom hochentwickelte Wesen?

Absolut. Ich bin davon überzeugt, dass diese kostbaren Menschen es sich ausgesucht haben, in jener besonderen und sehr machtvollen Gestalt hierherzukommen. Ich glaube, das wurde bisher nicht so gut verstanden. Aber in dem Maße, in dem wir uns der Erleuchtung nähern, können wir erkennen, welch ein Geschenk sie für uns sind. Während diese Menschen in früheren Zeiten von ihren Familien oft versteckt wurden, ist es heute nichts Ungewöhnliches, Leuten mit Downsyndrom zu begegnen, und sie lösen in unserer Seele ganz besondere Gefühle aus. Man könnte dies als Mitleid missverstehen, aber das ist es ganz und gar nicht. Es geht viel tiefer. Es ist die Erkenntnis, dass wir etwas Edlem begegnen. Als seien sie hierhergekommen mit der Absicht, das Leben von mehreren Menschen zu verändern. Wenn wir jemanden sehen, der einen solchen härteren Lebenskampf zu bestehen hat, dann bringt das eine Saite tief in unserer Seele zum Klingen. Es eröffnet uns eine Möglichkeit, etwas zu lernen und Freundlichkeit und Güte auszuüben.

Überspringen mediale Fähigkeiten in einer Familie gewöhnlich eine Generation, wie es etwa bei Zwillingsgeburten der Fall ist?

Nein, dafür gibt es keinerlei Regel. Alle Fälle sind ganz unterschiedlich, vollkommen individuell. Solche Zeichen gibt uns Gott nicht. Gott schickt uns das, was er uns senden will, und zwar dann, wann er es möchte. Da gibt es keine Formel. Mein Großvater war hochgradig medial veranlagt, und er sagte meinem Vater, dass ich es auch sei. Doch niemand hat uns den Hinweis gegeben, dass Bobbi Concetta, die kleine Tochter meines Bruders Bobby, es auch sein würde. In unserer Familie übersprang es die Generation zwischen meinem Großvater und mir, aber es übersprang nicht die nächste zwischen mir und meiner Nichte.

Und dann darf man auch nicht vergessen, dass es, wie bei anderen Begabungen, eine ganze Bandbreite medialer Fähigkeiten gibt – es ist keineswegs so, dass man sie entweder hat oder nicht. Wir alle verfügen über ein bisschen davon, manche eben über eine ganze Menge. Ich würde mich trauen, darauf zu wetten, dass es nicht wenige Menschen gibt, die keine Ahnung haben, wie viel sie davon besitzen, einfach weil sie dem nie Aufmerksamkeit schenkten oder es anders benannten, etwa dass sie häufig »Vorahnungen« haben.

Viele Menschen bekommen vor dem Sterben das Gefühl, dass sie wichtige Angelegenheiten nicht erledigt haben oder anderen große Unordnung hinterlassen, die diese beseitigen müssen. Machen wir wirklich so viel falsch? Oder gehört das zum Plan?

Nun, ich werde Ihnen bestimmt nicht raten, alles laufen zu lassen und sich keine Sorgen zu machen; denn das wäre ziemlich rücksichtslos. Wenn wir uns verantwortlich fühlen für unsere Partner und unsere Kinder oder wer auch immer die Arbeit hätte, hinter uns aufzuräumen, dann schulden wir es ihnen, alles so gut geordnet wie möglich zu hinterlassen. Natürlich können wir nicht immer planen, wann wir die Welt verlassen. Deshalb sagt uns der gesunde Menschenverstand, dass wir unsere Angelegenheiten ständig so gut wie möglich geordnet haben sollten. Doch das wäre eine vollkommene Welt, stimmt's? Und so etwas wie Vollkommenheit gibt es auf dieser im Diesseits nicht.
Aber meine Antwort auf die Frage lautet: Ja, ich glaube,

dass alles zu einem Plan gehört, selbst unerfreuliche Aufgaben, die eigentlich andere hätten erledigen sollen. Unser Karma ist mit unseren Beziehungen verknüpft, und dieser Bereich bildet keine Ausnahme. Ein altes Sprichwort sagt: »Du kannst nichts mitnehmen«, und das betrifft nicht nur Materielles, sondern auch unsere Sorgen und unsere Geheimnisse. Und egal, welche Art von Leben wir hier geführt haben, wenn wir gehen, dann wird alles enthüllt werden.

Glauben Sie mir, es gibt nichts, was ich zu diesem Thema noch nicht gehört habe. Von Kindern, die scheunenweise alte Sachen ausräumen mussten, weil ihre Eltern entweder sammelwütig oder besonders sparsam waren. Von Ehegatten, die auf versteckte Steuerprobleme gestoßen sind, bis zur Entdeckung einer zweiten Familie – mit Frau und unehelichen Kindern. Wenn Sie siebzehn Rasenmäher finden, die Ihr Vater aufgehoben hat, um sie zu reparieren, zaubert Ihnen das vielleicht ein Lächeln aufs Gesicht, auch wenn es mühsam ist, sie wieder loszuwerden. Aber herauszufinden, dass Sie Ihr Haus verlieren werden, weil Ihr Ehegatte in katastrophalen finanziellen Problemen steckte, von denen Sie keine Ahnung hatten, oder plötzlich Verwandtschaft zu entdecken, von deren Existenz Sie nichts wussten, das hat schon eine andere Dimension.

Und doch haben alle diese Probleme mit Karma zu tun. Sie sagen etwas aus über den Menschen, der verstorben ist, aber sie stellen auch die Hinterbliebenen vor die Frage: Wie werde ich damit umgehen? Sie empfinden vielleicht Schock, Trauer, Verwirrung, Wut oder fühlen sich betrogen. Am liebsten würden Sie es vielleicht ablehnen, sich damit zu beschäftigen, verkünden, es habe nichts mit Ihnen zu tun. Doch Tatsache ist: Solange Sie auf dieser Welt sind, müssen Sie eine Wahl treffen. Wofür werden Sie sich entscheiden? Wie werden Sie handeln? Welche Gefühle werden Sie zulassen? Als erste Reaktion werden Sie sich vielleicht vorwerfen, blind gewesen zu sein, und Ihre Gefühle nicht unter Kontrolle haben. Doch sobald Sie die neue Situation, in der Sie sich befinden, akzeptiert haben, dann können Sie sich auch entscheiden, welche Gefühle Sie diesbezüglich hegen, und sich damit auseinandersetzen – und Sie sollten wissen, dass Sie Hilfe von der Anderen Seite bekommen werden, wenn Sie sie brauchen, höchstwahrscheinlich sogar von demjenigen, der Ihnen diese Herausforderung überhaupt erst hinterlassen hat. Die verstorbenen Lieben werden nicht die ganze Arbeit übernehmen, um uns aus der Situation hier rauszuhauen; es ist ihnen einfach nicht erlaubt, alles für uns »zu reparieren«. Doch wenn wir unser Bestes geben, um damit fertig zu werden und die Schwierigkeiten zu bewältigen, dann stärken sie uns den Rücken.

Aber während wir noch im Diesseits sind, liegt es an uns, welches Verhalten wir wählen und wie man uns in Erinnerung behalten wird – als einen Menschen, der vertrauenswürdig und aufgeschlossen war, selbst wenn's mal nicht so gut lief, oder als jemanden, der vielleicht andere betrogen oder etwas vor ihnen verborgen hat und so voller Angst war, dass er nicht ehrlich sein konnte. Darum geht es beim Karma. Also muss ich die Frage bejahen: Selbst Unordnung und Chaos sind Teil des Plans – des Plans, was wir zu lernen haben.

Es gibt so viele verschiedene religiöse Überzeugungen – spielt es überhaupt eine Rolle, an was wir glauben?

Nein, das ist nicht wichtig. Wichtig ist, dass wir uns gegenseitig respektieren und uns bemühen, einander zu lieben. Das klingt wie eine Banalität, doch es ist die größte Herausforderung, die uns gestellt wird.
Vor kurzem kam ein Ehepaar zu mir, und die Großmutter der Frau meldete sich. Sie sagte mir immer wieder, dass alles dasselbe sei, und zeigte mir ein Kreuz. Ich brauchte mehrere Versuche, um zu beschreiben, was sie sagte und was sie tat, bevor das Paar es verstanden hatte. Offensichtlich gehörte einer von ihnen der griechisch-orthodoxen Kirche an, in welcher Glaubensgemeinschaft der andere war, weiß ich nicht mehr, aber es war eine andere. Die Großmutter war sehr empört gewesen, als sie heirateten, weil sie es nicht billigte, dass beide unterschiedlichen Religionen angehörten. Das widersprach allem, was sie in ihrer Kirche gelernt hatte, und sie hatte sich wirklich Sorgen um sie gemacht. Die beiden verstanden ihre Botschaft, dass auf der Anderen Seite alle Religionen eins sind.
Liebe ist Liebe, und Gott ist Gott, es ist alles dasselbe. Sie hatten offensichtlich nicht die gleichen entschiedenen Ansichten wie die Großmutter, aber es machte sie glücklich, von ihr zu hören, dass sie das gelernt hatte, nachdem sie hinübergegangen war. Und sie wollte sie wissen lassen, dass sie ihr Unrecht eingesehen habe und jetzt »alles in Ordnung« sei.

Wie viel Gewalt und Kriege gab es im Lauf der Jahrhunderte unter der Devise »Mein Gott gegen deinen Gott«! Nichts ist dadurch je gewonnen worden. Absolut nichts. Und nichts wird dadurch je gewonnen werden. Gott einen anderen Namen zu geben ändert überhaupt nichts, außer der Art und Weise, wie man ihn anspricht. Er ist der eine. Es gibt nur den einen.

Warum gibt es überhaupt eine Energie, die »Gott« heißt?

Sie existiert einfach. So ist die Wahrheit. Naturwissenschaftler können Ihnen das Warum von allem anderen auf der Welt erklären – von der Frage, warum der Ozean blau ist, bis zu der Frage, warum es am Himmel eine Sonne gibt. Aber kein Einziger kann erklären, warum es Gott gibt. Gott *ist* einfach.

Welche Aufgabe hat unsere Seele?

Grundsätzlich ist es die Aufgabe unserer Seele, zu lernen, wie man Gott ähnlicher wird. (Was jeden Menschen einzigartig macht, ist sein individueller Weg, den er zu diesem Ziel beschreitet – der Drall, den wir dem Ball geben.) Mehr wie Gott zu werden ist die Bestimmung jedes Menschen, doch wie bei allen anderem haben wir eine Wahl. Gottes Geschenk an uns besteht darin, dass jeder Mensch so fröhlich, erfolgreich und zufrieden werden kann, wie er es sich aussucht. Gott gab uns die Macht; wir haben das Recht dazu. Sie fragen sich vielleicht, wie man Gott ähnlicher werden kann. Ersetzen Sie einfach das Wort »Gott« durch »Liebe« und nehmen Sie diese als Leitlinie. Wenn Sie die Liebe wählen, dann wählen Sie Gott; und wenn Sie eine Entscheidung aus Liebe fällen, dann sind Sie Gott ähnlicher, als wenn Sie eine lieblose Entscheidung treffen. Bei jedem Entschluss, den Sie fassen, sollten Sie sich für die Liebe entscheiden. Bei jedem Konflikt und jeder Herausforderung sollten Sie sich fragen: »Was würde die Liebe in dieser Situation tun?« Die auf Liebe basierende Entscheidung ist die, die Gott am ähnlichsten ist. Gott ähnlich zu werden ist eine kühne Herausforderung. Wir sollten nicht zu hart mit uns ins Gericht gehen, wenn das nicht von einem Tag auf den anderen gelingt. Wir müssen begreifen, dass wir Zeit brauchen, um unsere Lektion zu lernen. In Hast und Eile lässt sich das nicht absolvieren.

Gibt es ein Geheimnis, wie man in den Himmel kommt?

Auf der Anderen Seite wartet das vollkommene Paradies auf jeden von uns, solange wir nicht vorsätzlich einem anderen das Leben genommen haben, während wir auf Erden waren. Das große Geheimnis ist, dass wir uns hier auf Erden schon selbst nahezu ein Paradies schaffen können. Ich sage deshalb: »… *nahezu* ein Paradies«, weil nichts im Diesseits je vollkommen sein wird. Auf dieser Seite des Schleiers ist die Wahl, die wir treffen, das Entscheidende. Es ist das Gesetz des Universums, dass das, was wir aussenden, auch das ist, was wieder zu uns kommt.

Menschen, die positive Energie aussenden, werden erleben, dass Gutes zu ihnen zurückkehrt. Doch das funktioniert nicht wie bei einem Jo-Jo – du wirfst es aus, und es kommt sofort zu dir zurück. Manchmal müssen wir ein bisschen Geduld haben, denn damit das Gute uns erreicht, braucht es den richtigen Zeitpunkt. Dieselbe Zeitverschiebung kann auch bei den Folgen von ausgesandter negativer Energie auftreten, deshalb brauchen Menschen, die schlechte Energie ausstrahlen, oft so lange, bis sie das begreifen. Und wenn diese Negativität zu ihnen zurückkommt, dann bringen sie das, was ihnen widerfährt, vielleicht nicht einmal mit dem in Verbindung, was sie gemacht haben. Sie wundern sich vielleicht sogar, warum ihnen so etwas Furchtbares passiert.

Aufgrund dessen, was mir gezeigt wurde, und auch nach dem, was ich gelesen habe, glaube ich, dass alle Negativität auf der Welt im Grunde deformiertes und unangemessenes Denken ist, was zu ebensolchen Handlungen führt. Gott hat jedem von uns seine umfassende Macht gegeben. Was wir damit anfangen, ist unserem freien Willen überlassen. Wir können daraus etwas machen, was dem Paradies nahekommt, oder eine Hölle zu Lebzeiten. Denken Sie immer daran, dass Gott vom Bösen nichts hält. Sie werden dafür keine Belohnung bekommen.

Hat jeder Mensch früher schon einmal gelebt?

Ja, jeder hat früher schon einmal gelebt, einige Menschen waren häufiger wieder zurück als andere. Das hängt davon ab, was die Aufgabe unserer einzigartigen Seele ist, und auch von unserem freien Willen, uns auf der Anderen Seite dafür zu entscheiden, dass wir zurückkommen. Elemente Ihrer früheren Leben blitzen vielleicht in Ihrer Persönlichkeit auf, beispielsweise darin, wie tiefgründig Sie als Mensch sind. Wenn Sie schon zahlreiche Leben gelebt und viele Lektionen gelernt haben, dann besitzen Sie vielleicht einen wunderbaren Sinn für Humor, aber Sie haben auch viel Weisheit und ein tiefes Verständnis und Mitgefühl für andere. Sie sind sich vielleicht nicht einmal bewusst, warum Sie manches wissen, und denken: »So bin ich eben«, doch der Grund liegt in Ihren früheren Leben. Ein Mensch, der sich aufspielt und wenig Rücksicht auf andere nimmt, ist vielleicht nur ein Baby in Bezug auf sein Seelenalter – eine sehr junge Seele, die noch nicht viele Lektionen hinter sich gebracht hat.

Ein Hinweis auf frühere Leben kann auch sein, wenn Sie eine starke Verbindung zu einem bestimmten Ort verspüren – besonders wenn Sie in diesem Leben noch nie dort gewesen waren. Vielleicht ist es ein Ort, den Sie immer schon besuchen wollten. Und wenn Sie da sind, erkennen Sie vielleicht sogar Einzelheiten der Gegend oder empfinden ein starkes Gefühl des Déjà-vu. Genau das ist mir passiert. Meine erste Europareise war 1999, als ich Frankreich besuchte. Doch etliche Jahre früher, ich glaube, es war in den Achtzigern, als ich nichts über Europa wusste, »sah« ich mich eine Straße mit altem Kopfsteinpflaster heruntergehen. Ich war außerhalb meines Körpers und völlig fasziniert, weil ich genau wusste, dass ich nicht träumte. Das Aussehen der Häuser war mir nicht vertraut. Ich ging weiter und bog in eine sehr enge Straße ein. Man hätte Platzangst bekommen können, und sie war sehr schmutzig. Ich dachte mir: »Wo bin ich? Weiß ich, wo ich bin?« Da sonst keiner da war, antwortete ich mir sogar: »Ja, ich wohne hier.« Ich trat in einen Eingang.

Jahre später, es war 2007, war ich in Deutschland in Rothenburg ob der Tauber. Wir buchten den berühmten und wirklich phantastischen Rundgang mit dem Nachtwächter, und es war unglaublich! Ich fand mich auf genau dieser Straße! Bei meinem Rundgang mit John sah ich es exakt so, wie es in meiner Vision gewesen war – allerdings jetzt viel sauberer. Nun, da ich wusste, dass ich hier einmal gelebt hatte, war ich natürlich begierig darauf, mehr über diesen Ort zu erfahren. Es war eine mittelalterliche, von Stadtmauern umschlossene Stadt (fast zehn Meter breite Mauern umgeben den ältesten, ursprünglichen Teil), und während des Heiligen Römischen Reichs Deutscher Nation war es eine der zwanzig größten Städte mit einer Bevölkerung von knapp sechstausend Menschen innerhalb der Mauern. Ein großer Teil der Stadt ist immer noch unversehrt, während fast alles in ihrer Umgebung während des Zweiten Weltkriegs dem Erdboden gleichgemacht und später wiederaufgebaut wurde.

Es gibt eine interessante Geschichte, warum Rothenburg im Krieg verschont blieb. Am Tag vor Ostern 1945 wurden fast vierzig Prozent der alten Stadt bei Luftangriffen zerstört. Doch dann betrat der stellvertretende Kriegsminister John McCloy die Bühne. Man erzählte uns die Geschichte, dass die Eltern McCloys in Rothenburg auf Hochzeitsreise gewesen seien. Sie hätten ihm Fotos davon gezeigt, und so wusste er von der Stadt, ihrer Schönheit und ihrer historischen Bedeutung. Wie es bei schicksalhaften Umständen oft ist, war es dieser Mann, der den Befehl geben sollte, die Stadt endgültig zu vernichten. Er konnte es nicht ertragen, den Ort zu zerstören, an den sich seine Eltern so liebevoll erinnerten und an dem ihre Ehe begonnen hatte. So nahm er es auf sich, General Jacob Devers zu instruieren, man solle den Hitler-Truppen die Chance einräumen, sich zu ergeben, statt die Mauern zu zerstören. Der deutsche General wies zwar dieses Angebot zurück, aber der örtliche Kommandeur beschloss, es anzunehmen, und die historischen Gebäude wurden gerettet. Bis heute gedenkt man John McCloys als Beschützer Rothenburgs.

Auf der Webseite der Deutschen Botschaft erfuhr ich eine weitere faszinierende Tatsache über Rothenburg, von der wir bei unserem Besuch nichts gehört hatten. Sein Weihnachtsmarkt wird »Reiterlesmarkt« genannt nach einer lokalen Legende, die sich in vorchristlicher Zeit abspielte. Es ist die Geschichte eines furchterregenden Reiters, der die Seelen der Toten mit sich trug. Als das Christentum Europa eroberte, entwickelte sich die Figur von einem wilden Reiter zu einem liebevollen, sanften Mann, der allen Menschen auf der Erde Geschenke brachte. Das ist die Art von Veränderung, die mir gefällt.

Wir haben alle unsere Erinnerungen – sie sind Teil unserer Seele. Meine eigene Seele driftet von Zeit zu Zeit in die Vergangenheit; und ich weiß, dass dieser kleine Ausschnitt, den ich sehe, eine Erinnerung aus einem früheren Leben ist und kein Traum.

Wie können wir erfahren, wer wir in früheren Leben waren?

Die meisten Menschen waren im früheren Leben natürlich nicht Kleopatra oder Rudolph Valentino. Und leider bin ich ein bisschen zu früh geboren, um behaupten zu können, ich sei einst Marilyn Monroe gewesen. Die meisten Menschen werden in jeder unserer Inkarnationen »gewöhnliche Leute« sein. Ich setze das in Anführungszeichen, denn was ist schließlich schon *gewöhnlich* daran, geboren zu werden und ein Leben als Mensch zu führen? Jedes Leben birst vor Möglichkeiten – wir können so gut wie alles erreichen, wofür wir uns anstrengen. Jedes Leben ist ein Wunder.

Wer waren wir zuvor? Ich kann nur wiederholen, was ich schon gesagt habe: Halten Sie Ausschau nach Hinweisen. Was bringt eine Saite in Ihrem Inneren zum Klingen? Eine bestimmte Architektur oder Möbel aus einer speziellen Periode? Ein Kleidungsstil? Fühlen Sie sich zur Volkskultur einer besonderen Zeit hingezogen (beispielsweise deren Musik)? Zu Filmen oder Literatur, deren Handlung in einer bestimmten Ära spielt? Wovon träumen Sie? Haben Sie Erinnerungen, die nicht Ihre eigenen zu sein scheinen, zumindest nicht aus diesem gegenwärtigen Leben? Es gibt eine ganze Reihe von Büchern, die von oder über Menschen geschrieben wurden, welche sehr eindrückliche derartige Erfahrungen hatten. Ein Beispiel ist Jenny Cockell, eine in England lebende Frau, die wiederholt beunruhigende Träume über ihren eigenen Tod hatte. (Ihr Buch trägt den Titel *Unsterbliche Erinnerung.*) In ihren Träumen war sie sehr aufgewühlt, doch sie wusste, es hatte nichts damit zu tun, dass sie im Sterben lag. Im Lauf von Monaten und Jahren lieferten ihre Träume immer weitere Details und führten sie zu der Entdeckung, dass sie in Irland gelebt hatte und, als sie starb, zehn Kinder bei einem unzuverlässigen Ehemann zurücklassen musste. Sie wusste, man würde die Kinder nach ihrem Tod trennen, und so konnte sie nicht in Frieden sterben.

Wahrscheinlich war es diese großmächtige Sorge um ihre Kinder, die sie den Wunsch haben ließ, so kurz nach ihrem Tod bereits wiedergeboren zu werden. Schließlich gelang es ihr, nach Irland zu reisen, die Stätten all ihrer Träume aufzuspüren, ihre Kinder zu finden und sie wieder zusammenzubringen. Eine unglaubliche Geschichte! Doch genau das ist die Realität eines jeden von uns: Wir gehen zur Anderen Seite hinüber, und in angemessener Zeit kommen wir wieder von dort zurück.

Können sich Kinder noch besser an frühere Leben erinnern als Erwachsene?

Das ist mir auch schon aufgefallen – und ich bin bei weitem nicht die Erste, die so etwas sagt. Zu diesem Phänomen wurden sogar wissenschaftliche Untersuchungen durchgeführt. Kinder wissen häufig sehr viel über ihre vorherigen Leben. Sie sind, wie ich immer wieder sage, noch mit einer anderen Zeit oder einem anderen Ort verbunden. Es gab sogar Fälle, in denen ein Kind eine Fremdsprache gesprochen hat, die es noch nie in seiner Familie gehört hatte, zumindest nicht in diesem Leben.
Einmal suchte mich eine Frau auf, die mir erzählte, dass die Familie gerade den vierten Geburtstag der kleinen Enkelin gefeiert habe. Das Kind pustete die Kerzen aus, und die Großmutter sagte scherzhaft zu ihr: »Denk daran, ich werde immer älter sein als du!« Das kleine Mädchen schaute sie an und sagte: »Aber letztes Mal war ich älter als du!« Etwas in der Art, wie sie es sagte und wie sie ihre Großmutter anschaute, ließ die Frau erkennen, dass sich die Kleine auf ein anderes Leben bezog, das sie geteilt hatten. Sie meinte: »Es tat mir so leid, weil ich wusste, dass sie von mir zu hören erwartete: Ich entsinne mich!«
In jungen Jahren sind sie wie gesagt noch mit der Anderen Seite verbunden und erinnern sich an bestimmte Begebenheiten oder Zusammenhänge. Es kann etwas Nebensächliches sein, wenn ihnen beispielsweise noch ein Teil ihres früheren Tagesablaufs gegenwärtig ist oder irgendetwas Besonderes, das großen Eindruck auf sie ge-

macht hat. Eine Frau, die mich ein paarmal aufsuchte, hat zum Beispiel einen siebenjährigen Sohn. Als der fünf oder sechs Jahre alt war, so berichtete sie mir, hatten ihr Mann und sie sich vorgenommen, mit ihm »Bambi« im Kino anzuschauen. Auf dem Weg dorthin begann der Junge über den Film zu sprechen und erzählte, woran er sich erinnerte. Meine Klientin und ihr Mann waren erstaunt und amüsiert. »Worüber sprichst du denn da?«, fragte ihn sein Vater. »Du hast diesen Film doch noch gar nicht gesehen?« Aber der Junge bestand darauf und schien wirklich Einzelheiten des Films zu kennen, was seine Eltern sehr überraschte, und sie konnten sich keinen Reim darauf machen, wieso er so viel über diesen Film wusste. »Wie kannst du das alles wissen, wenn du den Film doch noch nie gesehen hast?«, fragten sie ihn. »Aber ich habe ihn gesehen«, antwortete er. »Das war damals, als ich in diesem großen grünen Haus wohnte und Walter hieß!« Er hatte »Bambi« gesehen, als er das letzte Mal hier war.

Wenn wir uns weit genug entwickelt haben und nicht mehr auf die Erde zurückkommen, was ist dann unsere Aufgabe?

Wenn wir diesen Zustand erreicht haben, dann sind wir Meister des Geistes; wir sind geistige Führer, die direkt Gott berichten, und gleichzeitig sind wir eins mit ihm. Dass es für uns nicht länger notwendig ist, reinkarniert zu werden und unsere Lektionen zu lernen, heißt allerdings keineswegs, dass wir nicht zur Erde zurückkehren *können*. Ein Geistführer kann sich dafür entscheiden, wiederzukommen – so etwas würden wir als »Opfer« bezeichnen –, um zu einem speziellen Zeitpunkt eine höhere Aufgabe zu erfüllen.

Warum gehören bestimmte Leute zu unserem Leben?

Wir haben Kontakt zu solchen Menschen, die aus schicksalhaften Gründen an unserem Leben teilhaben, um uns zu unterstützen, und uns helfen, zu wachsen.
Manchmal treffen wir auf solche, bei denen wir uns nicht erklären können, warum sie uns lieben sollten. Wir sind mit ihnen nicht wirklich verwandt, wir haben vielleicht einen völlig anderen sozialen Hintergrund, dennoch besteht eine Verbindung. Sie haben etwas an sich, was wir einfach bewundern, etwas, was uns bereichert, ohne dass wir es benennen könnten. Sie lieben uns, und wir lieben sie gleichfalls.
Es gibt ein paar Menschen in meinem Leben, die mir sehr ans Herz gewachsen sind. Mein Schwiegersohn ist mit Johns Tochter verheiratet. Ich liebe ihn wie einen eigenen Sohn, obwohl wir nicht blutsverwandt sind. Und ich weiß, dass er dasselbe empfindet. Er schrieb ein außergewöhnliches Gedicht darüber, was er für mich fühlt, das er aufwendig rahmte und mir schenkte. Es ist ein ganz

besonderes Präsent, und ich liebe ihn über alles dafür und für das, was er ist.
Freunde sind nicht einfach nur Freunde. Jeder, mit dem Sie befreundet sind, hat eine seit langem bestehende Verbindung mit Ihnen, die sich über viele vergangene Inkarnationen erstreckt. Aber es gibt auch Menschen, die nicht zum Kreis unserer Familie gehören, deren Präsenz dennoch in unserem Leben von großer Bedeutung ist und uns Unterstützung bietet. Diese Menschen kennen Sie vielleicht aus einem anderen Leben, aber Sie zählen nicht zu Ihrem engeren Kreis. Sagen wir mal, Sie wohnen fünfundzwanzig Jahre in derselben Straße, und Sie kaufen das Brot immer in derselben Bäckerei, Woche um Woche. Wenn eine Hochzeit stattfindet, bestellen Sie dort den Kuchen, und wenn es in der Familie eine Beerdigung gibt, dann schicken Ihnen die Besitzer der Bäckerei eine Beileidsbezeugung. Sie gehören nicht zur Familie, sie sind im eigentlichen Sinn nicht einmal Freunde, aber sie sind eine Stütze Ihrer Nachbarschaft, Menschen, denen Sie über lange Zeit immer wieder begegnen, die Ihnen vertraut sind, freundlich, um Sie besorgt. Werden Sie im nächsten Leben mit einem von ihnen verheiratet sein? Wahrscheinlich nicht. Aber sie sind vielleicht im gleichen Bowlingteam wie Sie – jubeln über Ihre erfolgreichen Würfe, stöhnen auf, wenn Ihre Kugel in der Rinne landet, trinken ein Bier mit Ihnen.
Wir vergessen schnell diese Beziehungen, aber sie sind außerordentlich wichtig, therapeutisch auf eine Art und Weise, über die nachzudenken wir eigentlich niemals innehalten. Jeder einzelne dieser Menschen gehört nicht ohne Grund zu unserem Leben.

Soll das heißen, wenn wir ins Stadion gehen, um uns ein Fußballspiel anzusehen, dass wir dann zu jedem Anwesenden eine spirituelle Beziehung haben?

Nein, außer dass wir vielleicht dieselbe Mannschaft anfeuern, obwohl ich Leute kenne, für die das eine spirituelle Erfahrung ist. Ich meine damit Menschen, mit denen Sie über einen längeren Zeitraum Umgang haben. Menschen, mit denen Sie im Wettbewerb stehen, mit denen Sie essen und trinken, scherzen und jammern oder auch lästern – das ist etwas anderes, als wenn man zufällig neben jemandem sitzt. Wenn Sie eine Dauerkarte haben und mit Ihrem Sitznachbarn über die Spielzeit eine Beziehung aufbauen, dann ist das etwas davon Verschiedenes. Das könnte sie sehr wohl zu einem Teil dieses erweiterten Kreises der Seelenfamilie machen, über die ich spreche. Doch es wird nicht jeder, der Erdnüsse, Fähnchen und Programme verkauft, eine spirituelle Beziehung zu Ihnen haben.

Wenn Seelen wiedergeboren werden, wie können sie dann ihre Identität bewahren und Beziehungen zur immer gleichen Gruppe von Nahestehenden – ob Lebenden oder Toten – haben sowie eine immer gleiche Mischung von Vorlieben und Abneigungen?

Wenn wir wiedergeboren werden, dann geschieht das vorzugsweise in Seelenfamilien. Das soll nicht heißen, dass eine ganze Schar von Seelen zusammen aus dem kosmischen Bus aussteigt wie eine Fußballmannschaft, die zu einem Auswärtsspiel reist. Das geschieht eher in zeitlichen Abständen (über Generationen – Kind, Eltern, Großeltern und so weiter). Nach und nach werden jene Seelen auf diese Seite kommen und lang andauernde Verbindungen zueinander haben. Die Beziehungen werden sehr unterschiedlich sein. Bedenken Sie, dass Familie, Freunde und enge Bekannte neu gemischt werden, neue Aufgaben zugeteilt bekommen, quasi »wiederaufbereitet« werden. Das hört sich vielleicht haarsträubend an, doch das ist die Idee hinter dem Ganzen. Das eine Mal sind Sie das Kind, ein anderes Mal sind Sie der Vater. Beim nächsten Mal gehören Sie vielleicht nicht mehr zur Familie, aber Ihre Freundschaft ist so eng, dass Sie sozusagen zum Familienmitglied werden.

Wenn Sie beispielsweise sechzehn oder sechzig verschiedene Leben hatten, dann ist es keinesfalls so, dass Sie ebenso vielen Gruppen von Nahestehenden begegnen. Zum größten Teil werden es dieselben Seelen sein – jeder von uns arbeitet mit den anderen in unserer Seelenfamilie zusammen, und wir helfen uns gegenseitig, damit wir lernen, zu lieben, zu wachsen und uns weiterzuentwickeln. Wie Shakespeare es ausgedrückt hat, ist die ganze Welt eine Bühne, und alle »Frau'n und Männer [sind] bloße Spieler«. Das Individuum kann man mit einem Schauspieler vergleichen, der auf die Welt kommt, um in eine Rolle zu schlüpfen. Robert Downey junior spielt vielleicht Charlie Chaplin und Jahre später den Iron Man. Jeder dieser Charaktere hat Persönlichkeitsmerkmale und Eigenarten, die der Mime auszudrücken versucht – ob bewusst oder unbewusst. Die Seele in seinem Innersten bleibt immer dieselbe. Doch so, wie es heißt, dass sich unser Geschmack alle sieben Jahre verändert, können sich auch unsere Vorstellungen verwandeln (wenn Sie also als Kind Brokkoli nicht mochten, sollten Sie es ein paar Jahre später noch einmal versuchen). Wir wechseln unsere Vorlieben oft schon in einem einzigen Leben, wie viel mehr dann im Verlauf mehrerer Inkarnationen! Die Seele wird sicher nicht starr ihre Vorlieben und Abneigungen beibehalten – und das wäre auch nicht wünschenswert, schließlich sollen wir uns darum bemühen, uns weiterzuentwickeln! Doch gewisse Dinge werden wahrscheinlich bleiben und den Persönlichkeitskern dieser bestimmten, einzigartigen Seele ausmachen.

Wenn wir alle hier auf Erden sind, um Lektionen zu lernen, was geschieht denn, falls wir die Prüfung nicht bestehen?

Solange wir auf dieser Seite sind, können wir bei vielen Lektionen immer wieder von neuem versuchen, sie zu meistern. Das gilt nicht für alles – manchmal haben wir in diesem Leben nur eine Chance, »es richtig zu machen« –, doch in den meisten Fällen gibt es noch die Möglichkeit zu einem zweiten Versuch oder sogar einem dritten, vierten und fünften. In vielen Fällen ist »es richtig machen« ein subjektiver Maßstab, und das Ergebnis ist vielleicht nicht so wichtig wie der *Versuch*, es zu schaffen.

Auf jeden Fall steht keinem hier eine Richterrolle zu, selbst wenn manche sich das anmaßen. Da mich das einschließt, kann auch ich nicht sagen, wer »besteht« und wer »durchfällt«. Ich kann nur eine persönliche Meinung dazu haben. Und nach bestem Wissen und Gewissen (und in dem Bewusstsein, dass ich »nur ein Mensch« bin) versuche ich, lediglich darüber eine Meinung zu haben, ob *ich* mich richtig verhalte oder nicht. Ich glaube, in der Mehrzahl der Fälle gelingt es mir gar nicht so schlecht. Auch wenn ich Witze darüber mache und sosehr ich mich daran gewöhnt habe, dass meine Schwiegermutter und ich keinen Draht zueinander finden, mache ich mir doch wirklich Sorgen wegen dieser Aufgabe, die sie für mich darstellt. Mir ist bewusst, dass unsere Beziehung karmische Bedeutung und dass man mich vor eine Herausfor-

derung gestellt hat. Und diese Herausforderung enthält eine Lektion für mich.
Ich witzele zwar zuweilen, die Lektion liege darin, zu erkennen, dass man nicht mit jedem auskommen kann, doch manchmal befürchte ich, dass diese Antwort zu oberflächlich und dass da noch etwas ist, was ich übersehe. Es beunruhigt mich wirklich. Und wenn ich ehrlich bin, es verletzt mich auch, und ich frage mich mit Sorge, ob es sie auch verletzt. Manchmal habe ich das Gefühl, ich hätte alles nur Mögliche getan, und manchmal frage ich mich, ob ich nicht mehr tun könnte. Warum bekomme ich das nicht geregelt?
Was auch immer hier auf Erden noch geschehen mag, ich weiß genau, wenn ich auf die Andere Seite komme, dann werden meine Fragen beantwortet werden. Doch ich fürchte, dass ich auch wieder zurückkommen muss, um erneut zu versuchen, diese Lektion erfolgreich abzuschließen. Ich persönlich kann in diesem Zusammenhang die Frage »Was ist, wenn …?« nicht beantworten, aber ich vermag zumindest, einen Rat zu geben, wie man mit den Lektionen hier umgehen kann. Und der lautet: Man sollte versuchen, sich immer bewusst zu sein, dass die Herausforderungen Lektionen sind, um unsere Augen und Ohren offen zu halten für ungewöhnliche Lösungen, die vielleicht ganz anders sind als die erste Möglichkeit, die uns durch den Kopf geht. Versuchen Sie, über die naheliegende Antwort hinauszublicken. Wenn die Antworten so einfach wären, könnte die Lektion keine große Bedeutung haben – und wir würden uns nicht verändern.

Wenn mein Partner und ich uns streiten, bedeutet dies, dass wir keine Seelenverwandten sind?

O nein! Das ist eines der größten Missverständnisse aller Zeiten. Es klingt ja wie ein Märchen – wir finden unseren Seelenverwandten, und von da an leben wir glücklich bis in alle Ewigkeit! Das ist Utopie, sonst nichts.

Um es ganz deutlich zu sagen: Seelenverwandtschaft gibt es nicht ohne Arbeit. Man muss Flagge zeigen, sich engagieren, Aufmerksamkeit an den Tag legen, ein bisschen geben, ein bisschen nehmen (oder manchmal viel geben und nur ein bisschen nehmen). Wenn wir auf dieser Seite sind, dann ist jede einzelne Beziehung, die wir haben, vor allem eine Beziehung zwischen zwei Menschen, was schon ein schwieriges Unterfangen ist. Damit arbeiten wir an unseren Lektionen und bauen unser Karma ab. Es ist nicht vorgesehen, dass das ohne Konflikte abgeht.

Ich glaube, viele Leute haben völlig falsche Vorstellungen davon, was ein Seelenverwandter ist – sie denken, man steht in einer Menschenmenge wie auf einer Party oder auf dem Hauptbahnhof, wir stellen mit den Augen Verbindung zu einem anderen her, und plötzlich geht einem ein Licht auf, Wunderkerzen brennen, die Ohren klingen, und wir bewegen uns in Zeitlupe aufeinander zu, rennen sofort zum Standesamt oder zum Pfarrer, heiraten und leben in Glückseligkeit bis ans Ende unsrer Tage. Das ist völliger Nonsens. Zum einen sind Seelenverwandte nicht unbedingt Liebende – sie könnten Bruder und Schwester, Schwester und Schwester, Eltern und Kind

oder Freunde sein. Seelenverwandt kann grundsätzlich jede Kombination von Menschen sein, zwischen denen ein positiver, wundervoller und harmonischer Beziehungsfluss besteht, der sich ganz natürlich zu bilden scheint. Wenn wir Verbindung mit unserem Seelenfreund aufnehmen, dann ist das Ziel, eine Aufgabe zu erfüllen, die Gott an uns übertragen hat. Oftmals enthält die Verbindung keinerlei romantische Elemente, sondern man hegt tiefe Gefühle füreinander, hat große Achtung vor dem anderen und eine tiefe Hingabe an die Aufgabe, welche auch immer es ist.
Egal, ob die Paarung die Gestalt einer Liebesbeziehung annimmt oder nicht, es kann auf jeden Fall am Anfang ganz schön holprig sein. Möglicherweise sind erst noch karmische Elemente abzuarbeiten, bevor sich Seelenverwandte an ihre eigentliche Aufgabe machen können. Es mag sogar Jahre dauern, bis wir jene Ungezwungenheit und Harmonie entwickeln, die wir mit Seelenverwandtschaft assoziieren.
Mein Ehemann John ist für mich einfach perfekt. Doch in den ersten zehn Jahren unserer Beziehung hätte das niemand vermutet. Jede zweite Woche standen wir kurz vor der Scheidung. Anlass waren meist äußere Einflüsse. Wir stritten ständig infolge von Spannungen, die von anderen Leuten ausgelöst worden waren. Es hat unglaublich lange gedauert, bis es uns gelang, uns von dieser Negativität zu befreien. Und manchmal frage ich mich, wie wir es bloß geschafft haben, zusammenzubleiben und uns das innige Glück und die Freude aneinander zu erarbeiten, die wir heute empfinden. Offensichtlich war die Verbindung zwischen uns sehr stark, obwohl es anfangs nicht so aussah.

Wenn ich mir andere Beziehungen betrachte und viele Konflikte erkenne, denke ich manchmal voreingenommen: »*Die* sind garantiert keine Seelenfreunde.« Doch das ist nicht fair; ich kann gar nicht wissen, welche Qualität ihre Verbindung hat, wie tief und stark sie ist, was deren Sinn ist oder was von diesem Paar gefordert wird, damit sie eine gute Basis finden. Zum anderen glaube ich, dass viele Leute der Sache mit den Seelenverwandten zu viel Bedeutung beimessen. In mancher Hinsicht ist es wirklich ein »bester Freund«. Um diese Art von Nähe geht es dabei. Übertriebene Vorstellungen davon, wer oder was ein Seelenfreund ist, führen zu Enttäuschung und zum irrtümlichen Glauben, man hätte keinen Seelenfreund oder habe ihn noch nicht getroffen.

Also entspricht die romantische Vorstellung eines Seelenfreunds nicht der Wirklichkeit?

Um ehrlich zu sein, meistens nicht. Doch ab und zu gibt es doch diese märchenhaften Geschichten, die wir im Allgemeinen im Zusammenhang mit Seelenverwandten erwarten. Als einer meiner Klienten elf Jahre alt war, besuchte er seinen Cousin, der in einer anderen Stadt wohnte. Dort traf er ein kleines Mädchen, das ein paar Jahre jünger war als er – sie war höchstens acht. Sein Cousin stellte die beiden einander vor, und sie spielten scherzhaft Erwachsene, die sich mit »Wie geht es dir?«

begrüßten, und gaben sich die Hand. Als er die Hand des kleinen Mädchens berührte, bekam er buchstäblich einen elektrischen Schlag. Mit zweiundzwanzig begegnete er einem Mädchen. Sie kam ihm vertraut vor. Sie unterhielten sich eine Weile und stellten dabei fest, dass sie sich als Kinder schon einmal begegnet waren und sie das kleine Mädchen war, deren Berührung eine elektrostatische Entladung verursacht hatte. Er erzählte ihr, dass er dieses Erlebnis nie vergessen konnte, und in den Tiefen seiner Seele wusste er, dieses Kennenlernen, der »elektrische Schlag« und ihr Wiedertreffen waren kein Zufall. Sie hatte etwas an sich, was ihm im Kern seiner Seele vertraut war. Inzwischen sind sie seit fünfunddreißig Jahren verheiratet.

Warum gibt es in manchen Familien so eine große Nähe, während andere kaum Berührungspunkte zu haben scheinen?

Alle Familien sind karmisch bedingt. Wir sind schon einmal hier gewesen, und wir kommen wieder alle zusammen hierher, damit jede Seele eine Lebenslektion lernen kann. Vielleicht gibt es eine korrekte Antwort auf diese Frage, doch bisher hat sie mir niemand verraten. Offensichtlich ist das von Familie zu Familie anders. Die eine scheint sich sehr nah zu sein, aber ein einschneidendes Ereignis – ein Tod, eine Krankheit, ein Betrug, selbst etwas »Zufälliges« – kann diese Gemeinschaft komplett auseinanderreißen. Dann gibt es Familien, bei denen die Mitglieder über den ganzen Planeten verteilt sind, alle Kinder in unterschiedlichen Städten leben oder sogar in unterschiedlichen Ländern. Aber dennoch kommen sie zu den Feiertagen zusammen oder versammeln sich, wenn es eine Krise gibt.

Meine Mutter wurde, als sie fünf Jahre alt war, mit ihren zwei Brüdern in ein Waisenhaus gegeben. Sie war in der Mädchengruppe, die Brüder in der Jungsgruppe. Nachdem sie das Waisenhaus verlassen hatten, blieben sie in Kontakt. Sie heirateten und blieben mit ihren Partnern bis an ihr Lebensende zusammen. Sie lebten in unterschiedlichen Bundesstaaten, doch gaben sie sich viel Mühe, die Verbindung aufrechtzuerhalten, telefonierten häufig, besuchten sich.

Niemand weiß, aus welchen karmischen Gründen sie eine so furchtbare Kindheit durchleben mussten, in diesem schrecklichen Waisenhaus. Doch was der Grund auch immer gewesen sein mag, es hat sie nicht auseinandergerissen, sie blieben sich im Geist eng verbunden, auch wenn sie geographisch voneinander getrennt waren, und trafen sich so oft wie möglich. Dann wiederum gibt es Familien, bei denen zwar alle in unmittelbarer Nachbarschaft wohnen, aber nicht einmal mehr miteinander sprechen wollen. Wegen unbedeutenden Meinungsverschiedenheiten hegen sie einen Groll gegeneinander und suchen regelrecht nach Gründen, um nicht miteinander zu reden. Die Kinder erscheinen nicht auf den Hochzeiten der Cousins. Und dann wundern sich manche Familienmitglieder, dass keiner Lust hat, an den Feiertagen zusammenzukommen.

Nun, man kann nicht beides haben. Um Beziehungen muss man sich bemühen, wenn man bei Familienfesten dieses warme Gefühl der Geborgenheit haben möchte. Man kann Familie nicht nach Belieben an- und abschalten und dann erwarten, dass sie der Idealvorstellung entspricht. Man muss ständig etwas dafür tun, sonst funktioniert das nicht. Ich will damit nicht behaupten, dass es einfach ist, und in manchen Fällen ist es vielleicht gar nicht möglich. Ich kenne Beispiele, in denen ein Mensch sein Zuhause verlassen und jeden Kontakt zu der Familie abbrechen musste, in die er hineingeboren wurde, um Frieden und Heilung für sich zu finden. Vielleicht kann in diesem Leben wirklich nichts daran geändert werden, vielleicht jedoch werden sie sich später wiedervereinigen und dann in der Lage sein, die Wunden zu heilen. Aber eine der Parteien war der Herausforderung noch nicht gewachsen oder nicht dazu bereit, und die andere musste sich Abstand verschaffen von einer Situation, die vergiftend oder gefährlich hätte sein können. Also kam es zu dieser Zwischenlösung – die in manchen Fällen einfach notwendig ist –, doch ich glaube, dass die Beteiligten es zu einem bestimmten Zeitpunkt noch mal versuchen müssen.

Warum scheinen manche Familien vom Unglück heimgesucht zu sein – entweder sterben alle Männer in jungen Jahren, oder es tritt bei mehreren Generationen Alkoholismus auf oder eine psychische Krankheit?

Alle Familien sind Einheiten, die durch Seelenbande miteinander verbunden sind. Bevor sie hierherkamen, hat sich jeder Einzelne dafür entschieden, miteinander zurückzukommen, um eine bestimmte Lektion zu lernen oder die Herausforderungen vieler Lebenszeiten zu bewältigen. Dabei möchte ich klarstellen, dass ich damit nicht das meine, was hier und jetzt für uns alle offensichtlich ist: dass diese Familie über etliche Generationen vom Unglück heimgesucht war. Sondern ich meine Lebenszeiten, die durch Jahrzehnte oder sogar Jahrhunderte getrennt sein können. Wir sind alle vertraut mit dem Partnersystem. Seit der Grundschule haben uns die Lehrer, wenn wir auf einen Ausflug gingen, immer zu zweien aufgestellt, wir haben uns an der Hand gehalten, und der eine hat auf den anderen aufgepasst, wir haben darauf geachtet, dass der andere nicht verlorengeht oder von der Gruppe getrennt wird. In der Erwachsenenwelt sind wir vertraut mit verschiedensten Selbsthilfegruppen, von den Anonymen Alkoholikern bis zu Diätclubs, in denen immer zwei zu Partnern eingeteilt werden. Ein Partner kann auf den anderen aufpassen oder telefonisch erreichbar sein, wenn man in Versuchung gerät, den Alkohol oder den Schokoladenkuchen zu konsumieren, den man aus seinem Leben verbannen will.

Im Idealfall fungieren die durch Seelenbande verbundenen Familienmitglieder als »Partner« füreinander. Sie haben ein tiefgehendes Verständnis dafür, was das andere (Familien-)Mitglied gerade durchmacht. Sie durchleben es ebenso; es ist ihr gemeinsamer persönlicher Zusammenhang, auch wenn nicht alle gleich stark sind. Doch sie alle sind hierhergekommen mit Erinnerungen an vergangene Wunden und Schwächen. In diesem Leben haben sie zusammen die Chance, ihre Stärke zurückzugewinnen und die Probleme zu heilen. Sie können als Team zusammenarbeiten. Wenn sie Gottes Liebe annehmen und sich von ihr führen lassen, dann können sie das bewältigen.

Welche Gründe kann es für ein »Familienkarma« geben?

Wie ich schon häufig gesagt habe, ist unser Karma etwas Individuelles und alles andere als eine einfache Sache. Wenn Sie mit mehreren Seelen zu tun haben, dann können zwischen den Einzelnen karmische Probleme bestehen, ebenso kann es aber auch Lektionen beziehungsweise Situationen geben, die alle zusammen lernen oder heilen müssen. In nur vierundzwanzig Stunden können wir so vieles tun und sagen, das entweder Karma heilt oder Karma verstärkt, dass Sie sich sicher vorstellen können, wie viel sich im Verlauf mehrerer Lebenszeiten möglicherweise ansammelt.

Wenn wir unseren gesunden Menschenverstand auf unsere Spiritualität anwenden, dann, glaube ich, haben wir eine bessere Chance, unser Karma zu heilen – ob Familien- oder welches Karma auch immer. Die Worte »Es tut mir leid« sind schon mal ein guter Anfang. Diese Worte, wenn sie aufrichtig angeboten werden, zeigen den Willen, sich zu verändern. Ich persönlich habe ein Leben lang nach Antworten, nach Heilung, nach einem Weg gesucht, damit jeder neue Tag ein besserer wird. Und in dieser Hinsicht bin ich nichts Besonderes. Das Spiel ist für jeden Einzelnen von uns so ziemlich dasselbe. Für die ganze verflixte Familie!

Die Vorstellung, dass wir mit Karma auf die Erde kommen, sollte uns beflügeln und befreien, statt uns einzuschüchtern. So habe ich zum Beispiel eine Freundin, die lange Jahre unter Depressionen litt. Um die Ursache dafür herauszufinden, war sie in Therapie. Woche um Woche ging sie dorthin, um über all die negativen Ereignisse zu sprechen, die ihr in ihrem Leben widerfahren waren. Nicht ein einziger bedeutender Vorfall war darunter, es ging nur um eine Reihe von Kleinigkeiten, die sich angehäuft hatten. Scheinbar schaffte sie es nicht, diese einfach loszulassen und sich auf das Leben zu konzentrieren, das vor ihr lag. Als man sie mit dem Prinzip des Karmas bekannt machte, erfuhr sie, dass die Ursachen für ihre Traurigkeit – unabhängig davon, was immer ihr in *diesem* Leben geschehen war – ihre Wurzeln in früheren Inkarnationen haben könnten, von denen sie keine bewusste Kenntnis hatte. Erst dann brachte sie es fertig, nicht mehr auf all den alten Sachen herumzureiten, und nahm sich fest vor, in *diesem* Leben Glück zu finden, es zu erschaffen und an andere weiterzugeben.

Und mehr können wir alle nicht tun. Wir können die vergangenen Leben nicht verändern, genauso wenig wie das Karma. Wir können nur unser Bestes in diesem Leben geben, um unser Karma auszugleichen. Das zu wissen gibt uns große Kraft.

Was wird 2012 geschehen?

Über das Jahr 2012 ist so viel geschrieben worden: dass alles auf den Kopf gestellt oder sogar ausgelöscht werden wird. Angeblich stammt diese Vorhersage aus dem Kalender der Mayas und, so behaupten manche, aus einem geheimen, verborgenen Code in der Bibel. Manche glauben sogar, dass die Erde von einem Asteroiden getroffen wird oder dass Außerirdische kommen und entweder die menschliche Rasse auslöschen oder den Planeten kolonisieren. Die Vorstellung, dieses Jahr werde vollkommen anders sein als die vorherigen und die darauffolgenden, ist nicht richtig. Wir werden nicht um Mitternacht einander zuprosten, uns ein glückliches neues Jahr wünschen, und dann – bumms! – gehen die Lichter aus. Oder vielleicht gehen sie auch an. Die Veränderungen, die dem Jahr 2012 zugeschrieben werden, sind bereits im Gange.

Gott trägt keine Uhr, und der Wandel geschieht überall in unserem Umfeld. Bei den vorausgesagten Ereignissen des Jahres 2012 geht es um einen Bewusstseinswechsel, um spirituelle Transformation. Es ist eine Chance, die uns allen gegeben wurde, unabhängig von Rasse und Religion – oder auch Religionslosigkeit –, uns mit dem Gottbewusstsein in unserem Innern zu verbinden. Es ist die Chance, zu dieser Einladung ja zu sagen. Das ist ungemein wichtig, denn wenn wir ja sagen, dann werden wir – die Menschheit – immer mehr dazu übergehen, uns zur Lösung unserer Probleme auf die Liebe zu verlassen statt auf Macht, Kontrolle oder Gewalt.

Ich glaube nicht daran, dass das Ende der Welt bevorsteht. Obwohl mir diese Frage nicht besonders häufig gestellt wurde, bin ich doch einige Male dazu befragt worden. Beispielsweise schrieb mir eine Frau auf meiner Webseite, dass sie Angst habe, noch ein Kind zu bekommen. Denn sie hätte bereits eins, und selbst bei diesem fürchte sie, nicht genug Zeit mit ihm verbringen zu können, wenn die Welt im Jahr 2012 enden sollte. Würde sie jetzt also noch Nachwuchs haben wollen, dann wäre dieses Kind 2012 noch nicht einmal aus den Windeln, und dann würden sie alle verschwinden – oder etwas Ähnliches.

Ich möchte mich wirklich nicht über die Ängste anderer lustig machen oder sie bagatellisieren – wir alle haben etwas, vor dem wir uns fürchten. Doch manche Leute baden geradezu im Negativen. (Bitte verstehen Sie mich nicht falsch. Ich will damit nicht sagen, dass dies bei der Frau, die mir schrieb, der Fall ist; ich versuche nur, ein Argument vorzutragen.) Sie sind *voller* Ängste. Jede Veränderung jagt ihnen Furcht ein. Manche Menschen bemerken nicht, dass ständig Veränderungen mit uns vorgehen und so manche davon Gutes bewirkt! Die Zeit rund um das Jahr 2012 hat das Potenzial, einige erstaunliche

Wandlungen sichtbar zu machen, doch diese werden nicht dramatisch sein, es sei denn zum Guten: wenn wir alle Gottes Einladung annehmen, mehr Liebe in unser Leben zu bringen, und Liebe als unser wichtigstes Werkzeug beim Umgang mit anderen Menschen einsetzen. Obwohl in den Nachrichten das Positive meist nicht vorkommt, es geschehen ständig positive Dinge. Wir entwickeln größeres Verantwortungsbewusstsein gegenüber den Mitmenschen und gegenüber unserem Planeten; es gibt zahllose wunderbare Geschichten dazu, die nie erzählt werden.

Ich glaube, ich würde Folgendes sagen zu jemandem, der immer noch fürchtet, im Jahr 2012 könnte das Ende der Welt kommen: Machen Sie sich nicht so viele Sorgen. So kann man nicht sein Leben verbringen! Sie wollen wissen, was 2012 passieren wird oder wo Sie dann sein werden? Dann machen Sie *Pläne*. Schreiben Sie es in Ihren Kalender – einen Besuch von Disney World oder eine Reise nach Italien, was Ihnen am liebsten ist. Sparen Sie Geld in einem Glas und kleben ein Etikett mit »2012« darauf. Das Geld ist für Ihre Reise. Und wenn jemand versucht, Ihnen Angst einzujagen mit Sätzen wie »Alles und jeder wird zur Hölle fahren, wenn die Glocke um Mitternacht das Jahr 2012 einläutet«, dann antworten Sie ihm: »Sie können ja hingehen, wohin Sie wollen. *Ich* für meinen Teil fahre nach Italien.«

Welche Aufgabe haben Tiere in unserem Leben?

Am besten lässt sich das so beschreiben: Es scheint, dass Tiere uns Gottes Liebe überbringen. Es gibt zwar viele unterschiedliche Kreaturen, aber ich kann mir nicht vorstellen, dass jede Spezies einen anderen Aspekt von Gottes Liebe vermittelt. Vielleicht ist es einfach so, dass jeder von uns sich zu einem anderen Tier hingezogen fühlt und dies Gottes Weg ist, uns seine Liebe auf einem Weg zu übermitteln, der sie uns annehmen lässt. Vielleicht kann man das mit der Verpackung von Waren vergleichen – unterschiedliche Verpackungen sprechen unterschiedliche Menschen an. Manche Leute (zum Glück nur sehr wenige) sagen vielleicht, dass sie Tiere überhaupt nicht mögen; doch dann findet eine streunende Katze oder ein verletztes Eichhörnchen dennoch den Weg in ihr Herz. Andere machen wiederum keinen Unterschied – wir lieben ausnahmslos alle Tiere, ob sie ein Fell, Federn oder Flossen haben. (Vielleicht fällt es uns schwer, alle Insekten zu lieben, aber wir versuchen es zumindest!)

Ab und zu habe ich eine unruhige Nacht. Ich finde einfach keinen Schlaf, weil ich mich vielleicht aufgeregt habe oder mir Sorgen mache. Eine dieser Nächte fühlte ich mich völlig angespannt, wälzte mich schlaflos im Bett herum. Mein Bruder Harold kam zu mir und nahm mich mit zu einem wunderschönen Teich, in dem Entenküken schwammen und junge Hunde auf der umliegenden Wiese herumtobten. Er forderte mich auf: »Du kannst mit ihnen spielen und sie in den Arm nehmen.« Es war so

beruhigend. Eigentlich mehr als beruhigend, es weckte in mir große Freude. Ich war so entspannt und glücklich.
Es stimmt, dass Tiere ein Geschenk Gottes sind – sie können unsere Einstellung grundlegend verändern, mit ihnen Zeit zu verbringen kann uns heilen. Es ist schon komisch, selbst wenn wir glauben, ihnen zu helfen, helfen sie in Wirklichkeit uns. Wenn wir versuchen, einen Vogel zu retten, der einen gebrochenen Flügel hat, dann widmen wir ihm unsere Sorge und Aufmerksamkeit, doch was wir daraus gewinnen, kann ein Gefühl der Selbstachtung sein. Wenn wir versuchen, unser großes Hundekind zu beruhigen, das beim Geräusch des Donners zittert, dann hat man uns die Gelegenheit gegeben, Mitgefühl zu üben. Unterschiedliche Kreaturen bringen unterschiedliche Geschenke, aber letztlich sind alle guten Dinge nur unterschiedliche Formen der Liebe Gottes.

Gibt es denn keine bösen Tiere?

Nein, so etwas gibt es wirklich nicht. Jedes Tier stammt von Gott. Jede Kreatur ist aus einem bestimmten Grund auf Erden. Es kann sein, dass ein Tier uns manchmal im Weg steht oder uns Angst einjagt, doch das ändert nichts daran.
Bei uns in New Jersey gibt es in den Wäldern eine ganze Menge Bären. Letztes Frühjahr arbeitete John im Garten, und als ich zufällig aus dem Küchenfenster blickte, sah ich direkt hinter ihm einen davon. Ich klopfte ans

Fenster, und es gelang mir, John auf ihn aufmerksam zu machen. Er schaffte es, die Fanfare aus der Garage zu holen und den Bären zu verjagen (wir sollten sie »das Bärenhorn« nennen, denn sie dient uns nur zu diesem Zweck). Nicht viel später, nach einer Veranstaltung in einer Buchhandlung, bei der ich meine Bücher signierte, bekam ich einen Brief von einer Frau, die an dem Abend teilgenommen hatte. Sie schrieb: »Sie haben mich an diesem Abend gebeten, auf dem Heimweg besonders aufmerksam zu sein, und als ich mit dem Auto fuhr, lief mir ein Bär direkt vors Auto! Zum Glück war ich sehr vorsichtig gefahren!«

Ich bin froh, dass der Bär John nicht gefressen hat, und ich bin ebenso froh, dass diese nette Frau den Bären nicht angefahren hat. Doch selbst wenn es anders gekommen wäre, würde das den Bären noch nicht zu einem »bösen« Tier machen. Es sind einfach nur Bären, die sich wie Bären verhalten.

Kann ein Hund, der hinübergegangen ist, als Katze wiedergeboren werden?

Diese Frage wurde mir noch nie gestellt. Ich bin kein Tiermedium, also denken Sie daran, dass ich nur eine Vermutung anstelle auf der Basis von Beobachtungen, die ich gemacht habe, sowie aufgrund von Geschichten, die ich gehört, und Erfahrungen, die ich gelesen habe. Ich würde das bejahen, ich glaube schon, dass das möglich ist.

Die alten Ägypter glaubten daran, dass kein Mensch als Tier wiedergeboren werden könnte. Und ich weiß, dass es stimmt; denn unsere Seelen sind unterschiedlich (die Energie der tierischen hat eine andere Frequenz als die Energie der menschlichen Geistwesen). Doch sie haben nie gesagt, dass ein Tier nicht als ein anderes zurückkommen könnte. Es gibt etwa Hunde, die sich sehr katzenähnlich verhalten – unnahbar, penibel, immer auf der Suche nach einem weichen Kissen, auf dem sie sich zusammenrollen können.

Ein Beispiel kann ich nennen, da war es genau andersherum. Eine Freundin erzählte mir von der Katze von Freunden, die den Besitzern den Ball brachte, wenn sie apportieren wollte. Und diese Katze hat tatsächlich den Ball immer wieder zurückgebracht. Sie liebte dieses Spiel so sehr wie ein Hund, aber für eine Katze ist das schon ein recht merkwürdiges Verhalten. Ob das häufig vorkommt? Offensichtlich nicht, doch wie ich bereits sagte, ich betrachte mich nicht als Expertin auf diesem Gebiet.

Vielleicht kennen Sie noch andere Fälle – die Riesenschildkröte, die nach dem Tsunami in Indonesien ein verwaistes Flusspferdbaby »adoptierte«, oder die Krähe, die mit einer Katze Freundschaft schloss (es gibt dazu ein niedliches Video, das ich auf YouTube gesehen habe). Könnten das Beispiele von Tieren sein, die wiedergeboren wurden mit der »Erinnerung«, dass sie einmal einer anderen Spezies angehörten? Oder entwickeln sich Tiere ebenfalls, und das sind Musterbeispiele von solchen, die genug Liebe gelernt haben, um nicht von ihren traditionellen, instinktiven Ängsten beherrscht zu sein, sondern die in der Lage sind, mit anderen, die nicht ihrer Spezies angehören, Freundschaft zu schließen und ihnen zu helfen? Bleiben Sie auf Empfang! Das sind wichtige Fragen, über die ich selbst gern mehr lernen möchte.

Können Haustiere Geistwesen sehen?

Das können sie hundertprozentig. Haben Sie noch nie einen Hund gesehen, der im einen Moment noch friedlich auf dem Boden lag und dann ganz plötzlich, ohne jeden Grund (zumindest, ohne dass Sie einen erkennen können), aufspringt, als wenn ihn einer am Schwanz gezogen hätte, und aus dem Zimmer läuft? Oder haben Sie noch nie erlebt, wie ein Haustier – ob Hund, Katze oder was auch immer – einen Blick bekommt, als ob es etwas anschaut, das Sie nicht sehen können? Und Sie versuchen dann, denselben Blickwinkel einzunehmen, um zu erkennen, wo das Tier hinsieht, aber da ist einfach nichts? Zweifellos nimmt das Tier etwas wahr, was Sie nicht erkennen können! Die Tiere sehen die Geistwesen vielleicht nicht die ganze Zeit, obwohl diese ständig in unserer Nähe sind. Aber es ist für ein Tier keineswegs ungewöhnlich, einen Geist zu sehen.

Ich hatte früher eine schwarz-weiß getigerte Katze, die John und ich aus dem Hof einer Schweißerwerkstatt gerettet hatten. Eigentlich waren es zwei Kätzchen, aber für ihre Schwester fanden wir ein Zuhause und behielten nur die eine. Wir nannten sie »Lucia«, doch eines Tages kamen wir ins Wohnzimmer, wo sie graziös auf dem Sofa lag, und John sagte: »Schau sie dir an – sie liegt da wie Madame Foo-Foo«, ein Name, den er sich gerade ausgedacht hatte, aber er passte zu ihrer königlichen Haltung. Sie hatte einen Blick, als wollte sie sagen: »Ich bin die Größte.«

Es ist schon komisch, wie sich das manchmal entwickelt – man denkt, man hat den passenden Namen für sein Haustier gefunden, und am Ende nennt man es ganz anders. Von dem Tag an nannten wir unsere Katze immer »Madame Foo« oder nur »Foo«, manchmal auch »Foofy«. Auf jeden Fall hatte sie freien Zugang zu allen Räumen, sie konnte überall hingehen, aber sie kam niemals in mein Büro, in dem ich meine Sprechstunden abhalte. Es war geradezu unheimlich, wie sie diesen Bereich mied, eindeutig wegen der Geisteraktivitäten, die dort stattfanden. Denn wenn ich für einen Klienten am nächsten Tag eine Sitzung abhalten soll, wissen dies die Geister, die sich mit dieser Person in Verbindung setzen wollen, und versammeln sich häufig am Tag oder in der Nacht zuvor in meinem Haus! Meistens bleiben sie während der Nacht im Bereich des Büros.

Doch Foofy tat mir immer leid, wenn eine meiner großen Shows bevorstand – mit sehr vielen Menschen, so dass sich auch viel mehr Geister als üblicherweise versammelten und sie sich nicht mehr auf den üblichen Bereich beschränkten. Foo war dann immer vollkommen durch den Wind. Im ganzen Haus konnte sie kein Plätzchen mehr finden, das geisterfreie Zone war! Also wirklich, das arme Mädchen hatte keine Ahnung, worauf sie sich einließ, als sie bei John und mir einzog.

Können unsere Haustiere von der Anderen Seite zurückkommen? Und wenn ja, welchen Grund gäbe es für solch einen Besuch?

Oh, es ist nichts Ungewöhnliches, wenn ein Haustier, das hinübergegangen ist, zurückkommt, um »seinen Menschen« zu besuchen. Und das kann viele Gründe haben. Vielleicht nur, um ihn zu trösten, ihm Gesellschaft zu leisten. Es könnte auch einfach Gewohnheit sein – Haustiere entwickeln häufig sehr starke Bindungen zu uns, so wie wir zu ihnen. Ein Haustier kann auch zurückkommen, um uns an etwas zu erinnern; selbst wenn es uns nur an *sich* erinnern will und an die Liebe, die es uns gegenüber empfunden hat und immer noch empfindet.

Meine Freundin Page, die als Schriftstellerin in Manhattan lebt, erzählte mir, dass sie am ersten Todestag ihrer Katze Barney Pfotenabdrücke auf ihrem weißen Wohnzimmerfensterbrett gefunden hat, als wenn eine Katze von draußen hereingeklettert wäre. Dabei muss man wissen, dass die Wohnung von Page im zweiten Stock des Gebäudes liegt, und vor diesem Fenster gab es weder eine Feuerleiter noch eine andere Möglichkeit, dass ein Tier hätte hochklettern können. Wie Page zu mir sagte: »Ich mag vielleicht nicht die penibelste Hausfrau sein, aber niemals hätte ich Pfotenabdrücke auf meinem Fensterbrett ein Jahr lang übersehen können!« Ihr war klar, dass ihre liebe kleine Katze ihr einen Besuch abgestattet hatte, und sie war davon sehr berührt.

Werden unsere Haustiere wiedergeboren – so wie die Menschen?

Gott hat viele Geheimnisse, und dieses ist mir noch nicht enthüllt worden. Aber ich kann Ihnen versichern, ich habe schon so manche Geschichte gehört, die mich überzeugte, dass unsere Haustiere zumindest ähnlich agieren können wie unsere Schutzengel und die menschlichen Geister auf der Anderen Seite, indem sie beispielsweise daran beteiligt sind, uns einen neuen Freund zu schicken. Manchmal ist ihre Verbindung zu uns noch stark genug, um uns wissen zu lassen, dass uns ein neues Haustier geschickt wird, so dass wir die Augen offen halten können. Nachdem mein erstes Buch erschienen war, besuchte ich ein Einkaufscenter und ging in die »Book World«. Ich kann an keiner Buchhandlung vorbeigehen, denn ich muss mich unbedingt vergewissern, dass sie mein Buch haben – ich bin ja so stolz darauf. Ich ging zu einem der Mitarbeiter und setzte zu der Frage an: »Haben Sie *Sehen Tote …?*«, und er fiel mir ins Wort: »Warten Sie einen Moment, wir haben gerade eine Lieferung bekommen. Ich muss den Karton nur noch öffnen.« Ich wehrte ab: »Nein danke, das brauchen Sie nicht, ich will es nicht kaufen. Ich wollte nur sichergehen, dass Sie es haben – es ist nämlich mein Buch, ich habe es geschrieben!« Er antwortete: »Oh, mein Gott, Sie sind wohl einer der berühmtesten Menschen in Boonton!« Das hat mich umgehauen. Aber ich nehme das Kompliment gern an – es ist vielleicht ein kleiner Teich, aber in dem bin ich der große Fisch!

Auf jeden Fall kamen wir ins Gespräch, und ich erzählte ihm, dass ich in meinem aktuellen Buch einige Geschichten über Haustiere bringen wollte, weil mir so viele Leute zu diesem Thema Fragen stellten.
Er wurde ganz aufgeregt: »Wirklich? Nun, ich muss Ihnen etwas von meiner Katze erzählen. Meine Katze war nicht nur ein Haustier, sie war einfach alles für mich. Doch als sie achtzehn Jahre alt war, wurde sie krank; und ich musste die schwere Entscheidung treffen, sie einschläfern zu lassen. Es tat mir so weh, aber ich konnte es nicht ertragen, sie weiter leiden zu lassen. Es war einfach das Beste für sie, auch wenn es mich umbrachte.
In der Nacht träumte ich, dass meine Katze am Fußende meines Bettes saß. Der Traum war so real, und darin erzählte mir meine Katze: ›In sechs Monaten komme ich wieder zurück.‹ Sie sagte: ›Ich werde ganz schwarz sein, und ich komme mit meinem Bruder.‹«
Nun, sechs Monate waren vergangen. Dieser Mann schaute auf seinen Kalender und wusste, es war an der Zeit, dass seine Katze zurückkommt, sollte sein Traum wahr sein. Was machte er also? Er klapperte alle Tierheime in seiner Umgebung ab, eins nach dem anderen. Er erzählte mir, dass er sage und schreibe in zehn Einrichtungen war und dort nach einer »ganz schwarzen Katze« suchte, die noch »einen Bruder« hatte. Im letzten Tierheim fand er schließlich ein Katzenpaar, das der Beschreibung entsprach – Bruder und Schwester, die Schwester vollkommen schwarz. Sie hatte einen Leistenbruch und musste operiert werden; und weil man die Ausgabe scheute, wollte niemand sie nehmen. Nun, aber er war bereit dazu, und die Katzen leben seitdem bei ihm.

Eine andere erstaunliche Geschichte: Meine Freundin Barbara ist ein Affe – nach dem chinesischen Horoskop. Zum Teil ist sie auch Waldnymphe (ganz abgesehen davon, dass sie medialer veranlagt ist als die meisten Menschen). Sie lebt in Queens in der Nähe des Alley Pond Park, der hauptsächlich aus Wald besteht, und lange Jahre hat sie es über alles geliebt, mit ihren Hunden dort spazieren zu gehen. Barbara hat nur ein (Menschen-) Kind, ihre Tochter, aber sie hatte unzählige haarige, vierbeinige »Kinder«, die sie auch als solche betrachtete. Die meisten Leute haben gerahmte Fotos von ihrer Familie herumstehen, aber Barbara hat die schönsten Bilder ihrer geliebten Hunde eingerahmt. Wenn eines ihrer Haustiere hinübergeht, ist es für sie so niederschmetternd, als wenn sie ein Kind verlöre.
Vor vielen Jahren hatte Barbara eine kleine Terriermischlingshündin mit großen braunen Augen – Penelope. Es war ein ziemlich dominanter kleiner Hund, aber gut erzogen und ein Schatz. An einem Märztag – der dreiundzwanzigste März –, Penelope war gerade acht Jahre alt, unterhielt sich Barbaras Tochter auf der Straße vor dem Haus mit Freunden und machte eine unwillkürliche Bewegung mit dem Arm. Penelope missverstand das als Kommando »Komm!«. Leider kam gerade ein Auto, und Penelope wurde angefahren. Sie starb noch in dieser Nacht in der Praxis des Tierarztes.
Barbara war völlig am Boden. Sie beschloss, sich nie wieder einen Hund anzuschaffen, weil sie es einfach nicht ertragen konnte, ihr geliebtes »Kind« zu ersetzen. Zehn Jahre lang lebte sie ohne Haustier. Dann hatte sie eines Nachts einen besonders lebhaften Traum. Darin sah sie

Penelope, die ihr sagte, dass es völlig in Ordnung sei, wenn sie sich einen neuen Hund anschaffe. Sie war von diesem Traum so berührt, dass sie am nächsten Tag – »zufällig« der dreiundzwanzigste März und Ostersonntag – Penelopes Foto in die Brusttasche ihrer Bluse steckte, direkt über ihrem Herzen, und mit ihrer Tochter zu einem Asyl des örtlichen Tierschutzvereins ging, der North Shore Animal League. (Sie erzählte mir, dass die North Shore Animal League zu jener Zeit die anderen Tierasyle abklapperte und jene Tiere übernahm, die dort schon zu lange auf eine Vermittlung warteten und eingeschläfert werden sollten. Deshalb war das North Shore Shelter für viele Tiere die »letzte Chance«.)

Erstaunlicherweise hatte es an diesem Ostersonntag geöffnet, doch wegen Barbaras traditionellen Oster-Familientreffens kamen sie erst gegen Abend dort an, kurz bevor das Heim für Besucher geschlossen wurde. Dennoch zeigte man ihnen die Tiere, und sie gingen von Käfig zu Käfig, von Zimmer zu Zimmer. Ihre Tochter sagte immer wieder mal: »Was ist denn mit dem da, Mom? Ist der nicht niedlich?«, aber Barbaras Gefühl sagte immer wieder nein. Schließlich kamen sie ins letzte Zimmer – als sie hereintraten, waren Käfige direkt vor ihnen sowie rechts und links. Doch plötzlich fühlte Barbara ein intensives Brennen im Rücken, direkt zwischen ihren Schulterblättern, als wenn sie in Flammen stünden. Es war so intensiv und merkwürdig, dass sie sich umdrehte, um herauszufinden, was das wohl ausgelöst habe, und bemerkte hinter sich noch weitere Käfige, die sie vorher nicht gesehen hatte. Ihre Augen wurden sofort von einem Käfig auf dem obersten Regal angezogen, und sie sah einen Hund, der

genauso aussah wie ihre Penelope – nur dass dieser Hund ein Rüde war und bernsteinfarbene Augen hatte.
Ohne auch nur eine Frage zu dem Tier zu stellen (wie alt und ob es gesund sei), ging Barbara zu ihm und sagte: »Möchtest du mit mir nach Hause kommen?« Die Lefzen des Hundes zitterten, als wenn er versuchte, ihr etwas zu sagen, und seine Augen kommunizierten ein »Ja!«. Barbara war nicht einmal überrascht, als sie hörte, dass dieser Hund, den sie »Zacharias« nannte, erst vor kurzem aus einem anderen Tierheim ins North Shore Shelter gekommen sei, nur wenige Stunden bevor sie mit ihrer Tochter dort ankam. Auf dem Heimweg musste sich Zacharias im Auto übergeben, aber Barbara störte das nicht. Sie sagte zu ihrer Tochter: »Pass genau auf! Wenn wir zu Hause ankommen, dann wird dieser Hund hereinmarschieren und sich so verhalten, als wenn er schon sein ganzes Leben lang hier wohnte.« Und, ihre Worte in Gottes Ohr, genau so machte er es.

Haben Haustiere ebenso ein Karma wie Menschen?

Im Wesentlichen ist Karma der Prozess, unsere negativen und positiven Handlungen aus einem früheren Leben im nächsten auszugleichen. Wir werden für unsere Handlungen spirituell »verantwortlich gemacht«, da wir die Gabe des freien Willens haben. Bei den meisten Entscheidungen, die wir treffen, geht es nicht um Tod oder Leben.

Manchmal schon, aber zum größten Teil geht es darum, was wir bevorzugen – wir würden lieber das eine tun anstatt des anderen.
Aber ganz egal, für wie raffiniert Sie Ihr Haustier halten, Tiere können nicht darüber nachdenken, ob ein Verhalten gut oder schlecht ist, recht oder unrecht. Sie handeln einfach aus dem Instinkt heraus. Hat eine Katze eine karmische Schuld, weil sie eine Maus getötet hat? Nein. Muss ein Hund sein Karma ausgleichen, weil er Ihre Lieblingspantoffeln angenagt hat? Wir hätten es vielleicht gern, dass er das *sollte*, aber auch hier muss ich verneinen. Wenn ein Mensch von einem Bären gefressen wird, dann geschieht das aufgrund des Karmas des betreffenden Menschen. Der Bär bekommt keine karmische Schuld, weil er den Menschen gefressen hat. Das einzige Karma, das unsere Haustiere haben, ist das Karma der bedingungslosen Liebe. Das einzige Karma, das Tiere generell haben, ist, dass sie ein Geschenk Gottes sind. Aber fragen Sie mich bitte nicht, wie es ein Geschenk sein kann, aufgefressen zu werden!

Hat ein Tier die gleiche Seele wie ein Mensch?

Sicherlich hat diese Frage mehr Aspekte, als bisher an anderen Stellen darüber geschrieben wurde, aber ich glaube, dass dies zu jenen Geheimnissen gehört, deren Lösung wir erst auf der Anderen Seite erfahren werden. Die Tiere sind ein so besonderes Geschenk Gottes an uns, sie stellen eine echte Seelenverbindung zu Gott dar. Doch ich weiß einfach nicht genau, wie das nun mit der Seele der Tiere ist. Dennoch ist es für jeden sonnenklar, der beispielsweise einen Blindenhund hat oder der von seinem Haustier gewarnt wurde, weil Gas ausgetreten ist, oder dem sein Haustier tröstend das Gesicht geleckt hat, weil er vielleicht gerade eine Scheidung durchmacht. Sie geben uns so viel Liebe.

Über die Jahrhunderte sind derart viele Geschichten überliefert von Menschen, die verletzt waren und für die dann ein Tier sein Äußerstes gegeben hat, damit sie die notwendige Hilfe bekamen – lange bevor von Timmy und Lassie die Rede war! Allein Gott kennt die Art dieser Verbindung. So unbefriedigend diese Antwort auch sein mag, ich möchte einfach nur sagen, dass es ein Geschenk ist. Und ich glaube, diejenigen, die das verstanden haben, die sind wahrlich gesegnet.

Diese Geschichte erzählte mir eine meiner Klientinnen: Lange Jahre hatte sie zwei Kater, die Geschwister waren, sich aber überhaupt nicht ähnlich sahen. Der eine war klein und vollkommen schwarz, der andere, der »Echo« hieß, war eine ungewöhnlich große getigerte Katze. Da der eine Kater im Vergleich zu seinem Bruder so außerordentlich groß war, zog sie ihn immer damit auf – natürlich liebevoll – und nannte ihn »Doppelkater«. Der kleinere Bruder war gerade drei Monate zuvor verstorben, als sie eines Morgens gegen fünf Uhr, die Sonne war noch nicht einmal aufgegangen, von einem ungewöhnlichen Geräusch geweckt wurde, das von Echo kam. Tatsächlich hatte Echo einen Herzanfall, und bevor sie irgendetwas tun konnte, starb er.

Sie können sich sicher vorstellen, wie unglücklich sie war. Die Tierarztpraxis war noch nicht offen. Sie wollte erst den tierärztlichen Notdienst rufen, aber zu dem Zeitpunkt konnte dem Kater niemand mehr helfen, also wartete sie, bis der Tierarzt Sprechstunde hatte, und brachte den Körper des verstorbenen Tiers zu ihm, damit er sich darum kümmerte. Zutiefst traurig ging sie nach Hause, legte sich auf ihr Bett und weinte und weinte.
Plötzlich bemerkte sie, dass sie von einem *glänzenden* Licht umgeben war. Sie war davon so überrascht, dass sie zu weinen aufhörte. Vor ihrem geistigen Auge sah sie ganz deutlich das Bild eines mächtigen, königlichen Löwen. Sie wusste sofort, dass dies ihr »Doppelkater« war, und sie hörte die Worte: »Das ist es, was ich schon immer gewesen bin.« Es war eine ganz erstaunliche Erscheinung. Ihr geliebtes Haustier zeigte ihr seine wahre göttliche Natur oder seine Seele.

Können Sie uns einen Rat geben, wie man am besten ein Kind tröstet, dessen Haustier hinübergegangen ist?

Wenn sich Kinder von einem Haustier verabschieden müssen, dann ist das oft wie eine Generalprobe für den Verlust eines geliebten Menschen. Wir machen zum ersten Mal die Erfahrung, dass wir Menschen oder Tiere, die wir lieben und die uns Freude bereitet und Trost gespendet haben, nicht festhalten können. Selbst für einen Er-

wachsenen kann der Verlust eines Haustiers traumatisch sein, und erst für ein Kind!
Egal, ob das Tier von einem Auto überfahren wurde oder an Altersschwäche gestorben ist, Sie können einem Kind sagen, dass Gott darum gebeten hat, dieses Tier solle zu ihm nach Hause kommen – damit er sich so um es kümmern kann, wie es das braucht. Sagen Sie dem Kind, wenn es Gott bittet, ihm einen wunderbaren Traum zu schicken mit dem verstorbenen Tier, dann werde er das tun.

Sind Tiere medial veranlagt?

Wahrscheinlich sogar medial wie auch telepathisch. Tiere sind mit uns und untereinander sehr im Einklang. Und ich glaube, dass wir alle mit den Tieren im Gegenzug ebenso im Einklang sind, vielleicht sogar in höherem Maß als wir Menschen gegenseitig. Vielleicht liegt das daran, dass wir uns von unseren Haustieren nicht bedroht fühlen, weshalb wir ihnen gegenüber offener sind und mit ihnen auch offener umgehen. Es ist so zutreffend, dass es zum Klischee geworden ist: Unsere Haustiere lieben uns bedingungslos (besonders Hunde – Katzen können da etwas eigen sein).
Ich muss zugeben, dass ich ziemlich gut darin bin, mich auf Menschen einzustellen, aber niemand kann sich besser auf Tiere »eintunen« als meine Freundin Mushy. Mushy (eigentlich heißt sie »Cornelia«) und ich sind seit unserem neunten Lebensjahr befreundet. Ich kann Ihnen

sagen, dass sie das Haustiermedium par excellence ist! Einfach erstaunlich: Knurrende Hunde behandeln sie, als sei sie die Königin von Saba, und es gibt nichts Wichtigeres für sie als das Wohlergehen einer Kreatur.

Ich erinnere mich, dass wir einmal Mushys Mutter auf Marco Island in Florida besuchten. Wir waren am Strand, und Mushy sah, dass eine Möwe im Sand festsaß. Sie hatte sich den Flügel gebrochen. Mushy lief zur Hochform auf – sie rannte den Strand entlang und erbat in einem Kiosk einen Karton, legte ihr Handtuch in die Kiste und setzte das Tier vorsichtig hinein.

Wir kannten die Gegend nicht, aber das war für Mushy kein Hindernis – sie erkundigte sich, wo eine Tierarztpraxis war, und wir fuhren sofort dorthin. Zum Veterinär sagte sie: »Es ist mir egal, was es kostet. Wenn Sie sie gesund machen können, dann tun Sie das. Wenn das nicht möglich ist, dann müssen Sie sie einschläfern. Ich möchte nicht, dass die Möwe unnötig leidet!«

Als Haustiere hat Mushy immer Hunde bevorzugt. Sie besaß zwei sibirische Huskys. Beau, den Rüden, den wir »Bowsy« nannten, hatte sie als Welpen gekauft. Und eine Hündin, Nicky, die sie rettete, nachdem sie schon dreimal den Besitzer gewechselt hatte. Das war für die arme Nicky ein wahrer Alptraum gewesen. Mushy hatte sie angekettet im Keller eines üblen Burschen gefunden. Sie war schwer misshandelt worden. Nicky hat sich davon nie ganz erholt und war immer ein bisschen schreckhaft. Doch Mushy nahm sie auf, gab ihr tonnenweise Liebe, und die beiden Huskys waren ihre besten Freunde, bis sie beide schließlich hinübergingen.

Die Jahre zuvor hatte ich immer wieder zu ihr gesagt:

»Mushy, warum schaffst du dir keine Katze an?«, doch sie antwortete stets: »Ach nein, ich bin doch der typische Hundeliebhaber.« Aber siehe da, kurz nachdem ihr zweiter Hund gestorben war, tauchten zwei streunende Katzen in ihrem Garten auf, als wüssten sie, dass hier ein Herz darauf wartete, erobert zu werden. Doch für lange Zeit blieben sie auf Distanz. Ganz langsam gewann Mushy ihr Vertrauen.

Nun, um die Geschichte abzukürzen: Dieses Pärchen, der Kater Red und das Weibchen Precious (auch »Mookie« genannt), wurden schließlich die neuen Haustiere. Red ist mittlerweile an Krebs gestorben, aber Precious lebt inzwischen seit über zehn Jahren bei Mushy. Es war unheimlich. Diese beiden Katzen wussten es einfach. Es war, als hätte es eine Durchsage gegeben: »Cornelia DiNunzio hat einen Platz frei!«, und das ließen sie sich nicht zweimal sagen.

Eine meiner Klientinnen, die in einem kleinen Wohnblock in New York lebt, verriet mir eine Geschichte, die großartig beleuchtet, dass manche Katzen einfach »Bescheid wissen«. Eine ihrer Katzen hatte Krebs – sie tat alles für diesen Kater, was nur möglich war, aber es gab einen Punkt, an dem sie nichts mehr für ihn tun konnte. Es war nicht mehr zu leugnen, dass er sterben würde. Also versuchte sie wenigstens, es ihm so angenehm wie möglich zu machen, solange er noch auf dieser Seite war. Monatelang schlief er immer zusammengerollt auf einem Kissen auf ihrem Bett, neben ihrem Kopfkissen.

Der Wohnblock, in dem sie lebte, lag in der Nähe des Central Park, und dort wohnten sehr viele Tierliebhaber. Es gab zahlreiche Katzen und Hunde, und während der

Zeit, als ihr Kater so krank war und seinem Ende entgegenging, schien so gut wie jede Katze in diesem Gebäude einmal aus ihrer Wohnung wegzulaufen und schließlich vor ihrer Tür zu landen. Es waren mindestens sechs Katzen. Ein bisschen viel für bloßen Zufall (abgesehen davon, dass Sie sowieso wissen, was ich über Zufälle denke). Ständig hob sie Katzen auf und brachte sie in deren Wohnung zurück. Es war, als wollten sie ihrem sterbenden Kater die letzte Ehre erweisen. Auf irgendeine Weise waren sie alle miteinander verbunden, sie *wussten* einfach, was ihr vierbeiniger Nachbar gerade durchmachte.

Kommen alle braven Haustiere in den Himmel?

Alle Haustiere kommen in den Himmel! Das heißt wirklich *alle*. Dies schließt auch jene ein, die knurren oder fauchen oder Sie anspucken, die Katze, die das Sofa zerkratzt hat, der Welpe, der Ihre Lieblings-Flipflops angebissen hat, und selbst der »bösartige« Hund, der Sie in den Knöchel gebissen hat. Tiere werden nicht »böse« oder »schlecht« geboren. Sie alle kommen zu uns als Geschenke Gottes. Wenn jemand ein Tier hungern lässt oder es misshandelt, dann werden die Tiere genauso reagieren, wie es ein Mensch tun würde, dem so etwas widerfährt. Sie werden ängstlich, zornig oder niedergeschlagen und sich auf die unterschiedlichsten Arten auffällig verhalten. Sie werden sich ducken, weinen oder sich wehren. Sie rennen manchmal sogar von denen weg, die ihnen echte Liebe anbieten wollen, weil sie so daran gewöhnt sind, misshandelt zu werden, dass sie selbst liebevollen Gesten misstrauen. Wenn Sie ein Tier aus einem Asyl zu sich nehmen, dann kann es manchmal sehr lange dauern, bis Sie sein Vertrauen gewinnen, je nachdem, was es durchmachen musste, bevor Sie ihm in Ihrem Leben einen Platz gegeben haben.

Ein Mann namens Eric schickte mir eine E-Mail und stellte die Frage folgendermaßen: »Angesichts dessen, dass Tiere auch Schöpfungen des Schöpfers sind, könnte ich mir vorstellen, dass sie auch Geistwesen sind. Wenn also meine Existenz auf diesem Planeten endet, werde ich dann die Tiere wiedertreffen, die ich hier kannte und die mir großartige Freunde waren, solange ich auf Erden lebte?«

Es gefällt mir gut, wie er diese Frage formulierte. Tiere sind in der Tat großartige Freunde für uns! Was ich Ihnen mit Sicherheit sagen kann, ist, dass die Energie, die Ihr Haustier war, von Gott geschaffen wurde und nicht zerstört werden kann. Auf welcher Frequenz sie kommuniziert, das weiß ich, ehrlich gesagt, nicht – bislang habe ich keine Ahnung von artenübergreifenden Dingen. Wenn ich eine Sitzung abhalte, dann höre ich nicht direkt von dem Tier etwas. Was ich aber höre, und zwar sehr häufig, sind die Geistwesen, die mir erzählen, dass das Haustier dort ist.

In vielen Fällen nennen sie mir auch einen Namen – was für mich eine große Herausforderung ist, weil wir unsere Haustiere auf die verrückteste Art anreden. Das ist nicht damit zu vergleichen, einen Namen wie »Michael« oder »Johanna« zu verstehen. Da handelt es sich eher um »Babaloo« oder »Muggins« und dergleichen! Manchmal beschreiben mir die Geister etwas, was das Haustier immer tat, während es hier war. Oder sie erzählen mir etwas Besonderes über diese Beziehung, so dass ich das meinem Klienten übermitteln kann. Doch niemals ist es vorgekommen, dass mich ein Klient nach einem bestimmten Haustier fragte, und ich musste mir von den Geistwesen anhören: »Nein, das war so ein böser Hund. Er ist nicht zu uns durchgekommen!« Selbst der Hund, den Sie nie stubenrein bekamen, wird in den Himmel kommen. Und auch der, dem immer wieder mal ein Malheur passierte, obwohl er sich noch so sehr bemühte – auf dem Küchenboden, auf dem Wohnzimmerteppich, dem Teppich im Gästezimmer.

Was ist das Schwierigste daran, medial begabt zu sein?

Ich liebe mein Leben, zumindest was die meisten Aspekte angeht. Als ich jünger war, fand ich es sehr wichtig, nicht aufzufallen. Ich wollte auf keinen Fall anders sein als Jugendliche meines Alters, eine Sorge, die allen Teenagern und jungen Erwachsenen gemeinsam ist. Doch inzwischen habe ich mich daran gewöhnt, wer ich bin und was ich bin. Mir ist bewusst geworden, wie gesegnet ich bin, das tun zu können, was ich tue, und mit so vielen Leuten ein Gefühl der Hoffnung und des Friedens teilen zu können, einfach aufgrund meiner Arbeit. Infolgedessen habe ich nicht das Gefühl, dass ich Grund zum Klagen hätte.

Aber es gibt etwas, was nicht immer so angenehm ist: Ich reagiere übersensibel auf Emotionen. Ich halte es nicht aus, mit negativer Energie konfrontiert zu werden. Auf Seelenebene verletzt und schmerzt mich das. Nicht, dass Sie jetzt Angst vor mir bekommen, doch ich merke sehr genau, welche Gefühle die Menschen, denen ich begegne, mir gegenüber hegen. Ich will Ihnen ein Beispiel nennen, das mich immer noch traurig macht, wenn ich daran denke.

Als kleines Mädchen war ich verrückt nach der »Andy Griffith Show«. Ich dachte, Opie sei der glücklichste Junge der Welt, weil er Andy zum Vater hatte, obwohl ich natürlich meinen eigenen Dad uneingeschränkt anbetete. Aber Andy schien immer so gütig und nett zu sein. Er schaffte es jedes Mal, all die komischen Probleme zu lösen, die die Menschen in seinem Umfeld anrichteten.

Nun, eines Tages, als ich etwa elf Jahre alt war, machte meine Klasse einen Ausflug zum Flughafen von Newark. Ich habe keine Ahnung, was er in Newark tat, aber einer von uns entdeckte Andy Griffith, der wohl gerade aus dem Flugzeug gestiegen war. Ich war so aufgeregt, den Star aus meiner Lieblingsserie in natura zu sehen, dass ich natürlich dachte, das sei meine große Chance, von ihm ein Autogramm zu bekommen. Also rannte ich zu ihm hin und fragte: »Sind Sie Andy Griffith?«, und mit großer Verachtung und Ungeduld schnauzte er mich an: »Vor einer Stunde war ich das, Kleine.«

Ich konnte seine Energie sehr intensiv spüren. Warum er sich so über ein kleines Mädchen aufregte, das den Kontakt zu ihm suchte, ist mir bis heute unbegreiflich. Vom Verstand her ist mir schon klar, dass er das »nicht persönlich meinte«, vielleicht war sein Gepäck verlorengegangen, oder er hatte andere Probleme. Doch seine Verärgerung und Geringschätzung drang mir bis ins Innerste und brach mir wirklich das Herz.

Mit den Jahren habe ich gelernt, Situationen zu vermeiden, in denen die Energie nicht positiv ist. Doch bevor ich diese Lektion endgültig kapiert hatte, arbeitete ich in einem Job, wo mein direkter Vorgesetzter ein absoluter Psychopath war, ein tobsüchtiger Verrückter. Nie sprach er in normalem Tonfall, er schrie jeden nur an. Dort zu arbeiten war eine Qual, aber es war eine Phase in unserem Leben, als John und ich das Geld dringend brauchten. Unglücklicherweise reagiere ich so empfindlich auf Energie, dass dieser Kerl bei mir nicht nur Kopfschmerzen auslöste, sondern das Negative bis in den Kern meiner Seele drang und mich krank machte. Ich war gerade dabei, mich von zehn Jahren schlechter Behandlung durch die Familie meines Mannes zu erholen, und die Situation an meiner Arbeitsstelle machte alles wieder zunichte.

Eines Tages drehte der Verrückte endgültig durch und pöbelte mich so heftig an, dass ich wusste, ich musste da weg, um jeden Preis – er war dabei, meine Seele buchstäblich umzubringen. Das Problem war, dass ich nicht kündigen durfte, sonst bekam ich kein Arbeitslosengeld. Also ging ich zum Office Manager und bat ihn, mich zu entlassen, sonst würde ich mir einen Rechtsanwalt nehmen und wegen des beleidigenden Verhaltens meines Chefs Klage einreichen. Ich gehöre nicht zu der Sorte Frauen, die leere Drohungen machen, und offensichtlich hatte der Manager das erkannt. Also war mir klar, dass er in meinem Sinn handeln würde.

Ich ging nach Hause und erzählte John, was ich getan hatte, und wir überlegten, wie der folgende Tag ablaufen sollte. Am nächsten Morgen stand ich auf und ging sehr früh ins Büro, packte alle meine Sachen in sechs Schachteln. Dann war ich fertig. Etwas später wurde ich in das Büro meines Chefs gerufen. Ich war vollkommen ruhig, denn ich wusste, der Office Manager hatte alles Notwendige getan, damit ich entlassen wurde und dort wegkonnte. Ich ging in das Büro und stand vor meinem Boss. Seine Nasenflügel bebten, sein Gesicht war dunkelrot angelaufen, er schrie mich an. Doch ich schaute einfach an ihm vorbei aus dem Fenster und beobachtete, wie Johns Auto heranfuhr, so wie wir das geplant hatten. Ich summte im Kopf sogar eine Melodie.
Schließlich kam er zu dem Punkt, an dem er sagte: »Sie sind gefeuert!«, und es kostete mich wirklich Mühe, nicht laut loszulachen. Ich sagte nur: »In Ordnung, *Tom.*« Ich ging zurück zu meinem Arbeitsplatz, und er folgte mir buchstäblich auf den Fersen, um sicherzugehen, dass keiner meiner Freunde es wagen würde, sich von mir zu verabschieden oder mir alles Gute zu wünschen.
Als wir gerade an meinem Schreibtisch angekommen waren, stand da schon John, der sagte: »Okay, Liebes, wo sind deine Sachen?« Und plötzlich begriff mein Chef – ich meine natürlich Exchef, Gott sei Dank –, dass ich von meinem bevorstehenden Rauswurf gewusst hatte. Es machte ihm Spaß, andere Menschen zu verletzen, aber dieses Mal bekam er nicht die Genugtuung, mich weinen zu sehen. Er konnte nicht einmal zuschauen, wie ich meine Sachen packte. Es war alles fertig! Die Andere Seite hatte mich geschützt.

Gönnen Ihnen die Toten auch mal eine Pause und lassen Sie in Ruhe?

Die Toten machen mir nicht zu schaffen. Wenn ich etwas Ruhe möchte, dann bitte ich sie höflich, aber bestimmt, dass sie sich zurückziehen und mich schlafen lassen oder was immer ich gerade tun möchte. Und im Allgemeinen respektieren sie meine Wünsche. Um ehrlich zu sein, machen mir die Lebenden mehr Probleme. Ich kann kaum noch irgendwo hingehen, ohne dass ich gebeten werde, eine spontane Sitzung abzuhalten oder Ähnliches. Mein Terminkalender ist für die nächsten Jahre ausgebucht. Und würde ich meiner Assistentin Elena erlauben, weitere Termine anzunehmen, dann möchte ich nicht wissen, wie weit in die Zukunft er sich noch füllen würde. Und dennoch bekomme ich immer weiter Anrufe und E-Mails und werde bei jeder Veranstaltung angesprochen.

Ich habe wirklich für jeden Verständnis, der einen geliebten Menschen verloren hat und sich danach sehnt, von diesem zu hören oder getröstet zu werden, beziehungsweise Gewissheit aus erster Hand haben möchte, aber ich bin nur ein einzelner Mensch. Ich kann inzwischen gut nachvollziehen, wie es Ärzten und Anwälten geht, die oft von Leuten, die sie gerade erst kennengelernt haben, nach ihrem Rat gefragt werden. Können Sie sich das vorstellen? Sie sind Doktor und gehen nach einem langen Arbeitstag auf eine Party, wollen nur in Ruhe ein Glas trinken und sich entspannen wie alle anderen, und dann kommen die Leute zu Ihnen und sagen: »Ich habe mit meinem Magen Probleme – da kommt so grünes Zeug heraus …«?

Die Menschen begreifen nicht, wie anstrengend es ist, eine Sitzung abzuhalten. Für sie sieht es aus wie ein einfaches Gespräch. Doch es kostet sehr viel körperliche Energie, das laugt einen richtiggehend aus. Wenn ich auf einer Party bin, habe ich wirklich keine Lust, mit den Toten zu reden. Ich gehe dorthin, um das *Leben* zu genießen! Ich will über »Sex and Drugs and Rock 'n' Roll« reden. Ich habe mit diesen Sachen vielleicht nichts zu tun, aber ich will mich lieber *darüber* unterhalten.

Gibt es nicht doch Situationen, in denen die Toten Sie stören?

So gut wie nie. Ab und zu spielen sie mir vielleicht einen Streich oder erschrecken mich, wenn ich nicht damit rechne, einen von ihnen zu sehen. Aber ich habe mich recht gut an sie gewöhnt. Ich könnte mir vorstellen, dass sie mir das Leben schwer machen, wenn sie etwas von mir wollten und ich das nicht täte.

Die Andere Seite spielte eine wichtige Rolle dabei, dass John und ich das Haus bekamen, in dem wir jetzt wohnen. Sie halfen uns, es zu finden; und sie halfen uns dabei, dass wir es kaufen konnten. Sie hatten große Pläne für dieses Haus. Doch das war noch, bevor ich als Medium an die Öffentlichkeit ging, als ich immer noch schwankte, ob ich es tun wollte oder konnte oder nicht.

Und sie waren über meine Unentschlossenheit nicht sehr glücklich. Ständig schalteten sie das Licht an und aus. Und damit meine ich nicht, dass sie es taten, wenn wir aus dem Zimmer gingen. Sie taten es, wenn wir noch im Zimmer *waren*. Und nicht nur das Licht, auch den Fernseher. Es trieb John zur Verzweiflung, weil sie es an der spannendsten Stelle in einem Programm oder einem Spiel machten, das er sich ansah – der Fernseher ging einfach aus. Einfach so, ohne Ursache. Nun, zumindest nicht aus den üblichen Gründen. Sobald ich aber die Entscheidung getroffen hatte, an die Öffentlichkeit zu gehen, hörten diese Aktivitäten auf.
Während diese Aktionen vorher ständig vorkamen und zufällig auftraten, machten sie jetzt nur noch ab und zu etwas, und das auch immer auf nette Weise. So fuhr ich beispielsweise einmal für eine Woche nach Mexico City, und als ich nach Hause kam, veranstalteten sie eine kleine Lightshow für mich – meine Assistentin Elena und ich mussten an dem Tag, an dem ich nach Hause kam, immer wieder von Zimmer zu Zimmer gehen und das Licht ausknipsen. Sobald wir weg waren, schalteten sie das Licht wieder an. Doch das war eher ein kleines Spiel, eine Art Willkommensgruß.
Irgendeine Aktivität gibt es immer, aber ich bin einfach daran gewöhnt. Und ich habe auch ein hochsensibles Alarmsystem, ob es sich um einen »Eindringling« aus Fleisch und Blut handelt oder um einen Geist. So weit, so gut – es sind einfach nur viele tote Leute. Ich lebe mit ihnen, und sie leben mit mir.

Da Sie von klein auf medial veranlagt waren, wussten Sie schon immer, dass Sie ein Buch schreiben und eine Person des öffentlichen Lebens werden würden?

Nicht direkt. Ich hatte keine Ahnung, dass ich ein Buch schreiben würde. Doch ich wusste sehr genau, dass ich irgendwie Aufmerksamkeit auf mich zöge. Bis zu einem gewissen Grad liegt das auch an meiner Persönlichkeit – so war ich zum Beispiel der unangefochtene Klassenclown in der Highschool. Doch um zu dem Punkt zu kommen, an dem ich heute bin, habe ich viele Umwege gebraucht. Ein Ereignis war für mich besonders prägend: 1979 arbeitete ich als Empfangsdame in Clifton in New Jersey für die Firma Givaudan, die Duft- und Geschmacksstoffe entwickelte. Für mich war es einfach ein Job wie jeder andere.

Meine Arbeit lag mir nicht besonders am Herzen. Obwohl ich nicht viel tat, um meine Vorstellungen zu verwirklichen, glaubte ich immer fest daran, dass ich eines Tages meine Arbeit vor großen Menschenmengen ausüben würde, was mich vermuten ließ, ich würde irgendwann Schauspielerin sein. Das passt mit Sicherheit besser zu meiner Persönlichkeit, als Telefondienst zu schieben und Kaffee zu kochen. Auf jeden Fall hatte ich in dieser Zeit einen neuen Freund und ging oft bis tief in die Nacht aus und kam dann nicht weniger häufig zu spät zur Arbeit. Auch wenn ich darauf nicht viele Gedanken verschwendete, war mir schon klar, dass ich mich damit bei den

Chefs nicht gerade beliebt machte. Genau genommen wusste ich, man würde mich feuern. »Sie« hatten mir das bestätigt, und ich wusste sogar, wann »dieser Tag« war. Allerdings war dort der Flurfunk auch so aktiv, dass man nicht medial veranlagt zu sein brauchte, um das zu wissen. *Alle* wussten, dass ich entlassen werden sollte.

Als ich in die Personalabteilung gerufen wurde, folgten mir verstohlene Blicke aus den Waben des Großraumbüros. Während ich ins Zimmer trat, war ich kurz davor, zu sagen: »Ich will Ihnen die Peinlichkeit ersparen, ich pack nur noch meine Sachen.« Doch dann dachte ich: »Nein, lass ihnen doch diese Genugtuung«, und so sprach ich gar nicht. Ich ließ sie ihr Sprüchlein aufsagen – es war genau das, was ich erwartet hatte –, ging zu meinem Schreibtisch zurück und suchte meine Siebensachen zusammen. Und dann, ich weiß nicht, was mich dazu trieb ... Vielleicht die Art und Weise, wie sich jeder hämisch ins Fäustchen lachte nach dem Motto: »Oh, Concetta hat sich schlecht benommen, und jetzt bekommt sie dafür einen Tritt in den Hintern«, sie kamen mir vor wie kleine, verängstigte Kinder. Doch kurz bevor ich aus der Tür ging, blieb ich stehen, drehte mich um und sagte laut genug, dass mich alle hören konnten: »Nur damit ihr Bescheid wisst – eines Tages werdet ihr alle noch von mir hören. Heute verabschiede ich mich von euch, aber ihr werdet wieder von mir hören!«

Typisch für mich: Die Diva tritt auf! Mister DeMille, ich bin nun bereit für die Großaufnahme!

Diesen Hang zum großen Auftritt habe ich vielleicht von meinem Vater, Manny Ferrell. Er war wirklich erstaunlich. Es gibt da eine Geschichte, die ich oft gehört habe.

Mein Vater und meine Mutter waren erst kurz verheiratet und hatten eine Reinigung in Nutley in New Jersey gekauft mit dem Namen »1-Stunden-Martinizing«. Mein Vater war phantastisch im Umgang mit Menschen, er kam so gut wie mit jedem aus. Doch er hatte einen Kunden, der sich offensichtlich vorgenommen hatte, ihm den letzten Nerv zu rauben. Dieser Mann hatte eine Hose zur Reinigung abgegeben. Als er sie abholte, öffnete er die Plastiktüte, inspizierte die Hose und deutete auf einen Fleck, der immer noch auf der Hose war. Er sagte: »Der Fleck ist immer noch da. Ich möchte, dass Sie nacharbeiten.« Mein Vater antwortete: »Aber sicher«, und er nahm die Hose zurück. Als der Mann das nächste Mal kam, um seine Hose abzuholen, öffnete er erneut die Plastiktüte, rief meinen Vater zu sich und deutete wieder auf den Fleck. Er knurrte: »Ich habe Ihnen doch gesagt, ich will, dass dieser Fleck verschwindet!« Mein Vater antwortete ruhig: »Sir, nicht jeder Fleck kann beseitigt werden. Kann gut sein, dass dieser Fleck zu denen gehört, die man nicht herausbekommt.« Der Mann forderte erneut: »Ich möchte, dass Sie diese Hose so lange reinigen, bis der Fleck heraus ist.« Also nahm mein Vater die Hose erneut zurück und reinigte sie das dritte Mal. Der Mann kam wieder, öffnete die Tüte und explodierte: »Wie oft muss ich Ihnen das noch sagen? Ich möchte, dass Sie diesen Fleck rausmachen!« Mein Vater griff ruhig zu einer Schere, nahm die Hose und schnitt den Fleck heraus. Und genauso ruhig sagte er: »Sie wollten ja, dass ich diesen Fleck herausmache. Nun ist er draußen.«

Doch ich schweife vom Thema ab. Obwohl ich medial veranlagt bin, weiß ich nicht immer, was die Zukunft für mich bereithält. Und selbst wenn mir Hinweise gegeben werden, enthüllen sich die Einzelheiten doch erst zur gegebenen Zeit. Zeit ist auf der Anderen Seite etwas ganz anderes als im Diesseits. Wie jeder Mensch muss ich manchmal einfach nur Geduld haben.

Wenn Sie mit einem Künstler Kontakt aufnehmen könnten, wen würden Sie sich dann aussuchen?

Vermutlich meinen Sie einen Künstler, der schon hinübergegangen ist. Leider ist es jedoch so, dass ich immer nur diejenigen Geistwesen erreichen kann, zu denen ich eine persönliche Verbindung habe, und zwar entweder direkt zu ihnen oder durch jemanden, der ihnen lieb ist und der sich noch auf dieser Seite befindet. Und, ehrlich gesagt, einige meiner Favoriten sind immer noch da. Meine Lieblingssängerinnen sind Judy Garland und Bette Midler – eine auf der Anderen Seite, die andere noch auf dieser. Ich halte Judy Garland für die beste Schauspielerin aller Zeiten. Als die Darsteller praktisch Leibeigene der Studiobosse waren, hat sie nicht nach deren Pfeife getanzt. Es ging ihr ums Publikum. Das hat sie am Leben gehalten. Die Zuschauer waren ihre Infusion, die ihr direkt in die Venen ging. Auch wenn ich sie nie live gesehen habe, bin ich immer noch ein großer Fan von ihr – ich schaue mir nicht nur ihre Filme an, sondern auch Clips von kleinen Szenen und Liedern, es ist einfach zu schön. Ich wünschte, ich wäre wie Judy Garland, und hätte gern in allen Bereichen ihr Talent. Nur würde ich in meinem Leben lieber bessere Entscheidungen treffen.

Und natürlich Marilyn Monroe – auch ich gehöre wie gesagt zu den Millionen Verehrern, die sie hat. Ich bin ein *riesiger* Marilyn-Monroe-Fan. Ich habe unzählige Bücher und Fotografien von ihr, ebenso unzählige Fotos von mir, auf denen ich sie imitiere. Nennen Sie es kitschig oder wie immer Sie wollen, aber ich liebe es einfach, »die Marilyn zu geben«. Jede Frau, die sich attraktiv und sexy fühlen will, kann sich mit Marilyn identifizieren.

Und Bette Midler – ich bin so froh, dass sie immer noch unter uns ist. Ich liebe, wie sie singt, und ich finde es toll, dass sie in New York unterwegs ist, Bäume pflanzt und Nachbarschaftsgärten initiiert und dort aufräumt, wo die Stadt in den vergangenen Jahren verkommen ist. Einen großen Teil ihres Lebens verwendet sie darauf, die Dinge einfach schöner zu machen. Gott segne ihre Stimme, und Gott segne ihre Leidenschaft, in der Welt Ordnung zu schaffen! Es gibt viele Entertainer, die so verehrt werden, sich aber von ihren »Leuten« schützen lassen, von ihren Presseagenten, den Bodyguards und so weiter. Bei vielen zeigt sich dann gelegentlich, dass sie in Wirklichkeit keine besonders netten Menschen sind. Im Gegensatz dazu geht Bette Midler mit Gummihandschuhen auf die Straße, um Müll aufzuheben. Das spricht von Demut und ist wunderbar. Manche Stars sind gut im Redenschwingen, dabei leben sie in eingezäunten Siedlungen oder irgendwo auf einer Ranch, weit weg vom Alltag der Menschen. Als wenn sie nichts mit anderen gemein hätten. Das sind diejenigen, die den Bezug zur Realität verloren haben. Sie sollten mehr nach draußen gehen – die wirkliche Welt ist gar kein so schlechter Ort!

Werden unsere Lieben auf der Anderen Seite bei uns Wache halten, bevor wir selbst hinübergehen?

Das ist ganz bestimmt so. Und oft werden wir uns ihrer Gegenwart bewusst werden, wissen, wer es ist, der da auf uns wartet. Aber es werden auch andere, mit denen wir nicht unbedingt rechnen, diejenigen begleiten, die wir *erwarten*. In vielen meiner Sitzungen hat mich die Person, die mit mir Kontakt aufnahm, gebeten, meinem Klienten zu sagen, dass er oder sie da sein wird, um den Betreffenden zur Anderen Seite hinüberzugeleiten, oder ihn dort erwarten wird, wenn er ankommt. Niemand muss allein auf diese Reise gehen. Doch genauso wenig, wie wir alle unsere Schutzengel kennen können, können wir wissen, wer alles das Empfangskomitee bildet, bis wir ihm gegenüberstehen. Dann werden wir sie natürlich als Personen erkennen, die uns in einem unserer vielen vorherigen Leben schon begegnet sind.

Eine Frau namens »Sherri« schrieb mir, dass ihr Großvater mit einundneunzig Jahren gestorben sei, als ihr Sohn gerade zwei Jahre alt war. An sonnigen Tagen ging sie oft mit ihrem Sohn zu einem Baseballplatz, der ganz in der Nähe des Hauses lag, in dem ihr Großvater gelebt hatte. An einem dieser Tage winkte ihr Sohn und sagte: »Hallo«, aber da war niemand. Als sie ihn fragte, wem er denn zuwinke, antwortete er, dass er »Baby Pop« (so lautete der Spitzname ihres Großvaters) und Jon begrüße. Jon war ihr Cousin, der am elften September starb, als ihr Sohn noch nicht einmal geboren war! Danach kam es noch einige Male vor, dass ihr Sohn darüber sprach, er habe Baby Pop und Jon gesehen und mit ihnen gesprochen. Dann winkte er ihnen zu und erzählte seiner Mutter, was sie anhatten.

Eines Tages waren sie wieder beim Baseballplatz, und Sherri fragte ihren Sohn, ob Baby Pop und Jon wieder da seien. Nein, antwortete er und erzählte dann, dass Baby Pop zu »Dee Dees Haus« gegangen sei. (»Dee Dee« war der Name, den ihr Sohn ihrer Großmutter gegeben hatte.) Und er fuhr fort, Baby Pop habe ihm gesagt, dass er zu Dee Dees Haus ginge, weil Dee Dee müde sei. Zwei Tage später bekam ihre Großmutter die Diagnose, dass sie Krebs im dritten Stadium habe und er sich schon im ganzen Körper ausgebreitet hatte. Zwei Monate später starb ihre Großmutter, und seitdem hat ihr Sohn nie wieder erwähnt, dass er Baby Pop oder Jon gesehen hätte.

Sie fragte mich, ob ihr Großvater und ihr Cousin gekommen seien, um ihre Großmutter zu holen. Die Antwort darauf lautete selbstverständlich: »Ja, genau das haben sie getan.« Die Seelen sind zwar immer in unserer Nähe, aber umso mehr dann, wenn jemand vor dem Hinübergehen steht. Der Betreffende, der sich darauf vorbereitet, die Erde zu verlassen, wird sich ihrer mehr bewusst sein als wir. Doch selbst wir anderen können in Zeiten wie diesen die Schwingungen spüren.

Aus Sherris Brief klang heraus, dass sie die Berichte ihres

Sohns von seiner Verbindung mit seinem Urgroßvater und Onkel positiv aufnahm und nicht ängstlich reagierte, was es diesem erleichterte, mit ihr über alle seine Unterhaltungen mit ihnen zu reden. Diese Botschaften, die sie von ihrem Sohn hörte, gaben ihr Trost. Denn sie wusste jetzt, dass ihre Großmutter von geliebten Personen umgeben war, als sie hinüberwechselte.

Haben Eltern, die ein Kind verlieren, Gott erzürnt?

Die Antwort lautet: »Nichts könnte weiter von der Wahrheit entfernt sein.« Ich weiß nicht, warum diese Frage so oft gestellt wird. Ich bin auch schon gefragt worden, ob der Teufel seine Hände im Spiel habe, wenn ein Kind stirbt. Vielleicht, weil sich Eltern, die ein Kind verloren haben, oft wie in der Hölle fühlen? Es ist tragisch – ich will es vorsichtig formulieren –, aber Gott hat einen vollkommenen Plan. Ich versichere Ihnen, dass ein Kind, das hinübergeht, zu Gott geht. Und die Tatsache, dass Kinder in so jungem Alter zu Gott zurückkehren, war immer Teil dieses Plans. Sie wussten, als sie hierherkamen, dass sie hier nicht lange sein würden.
Wenn ich Eltern treffe, die ein Kind verloren haben, dann ist das sehr hart. Ich möchte sie trösten, aber es ist sehr schwierig, sie davon zu überzeugen, dass Gott nicht böse auf sie ist. Unter welchen Umständen auch immer das Kind gestorben ist, sie müssen sich selbst verzeihen. Auch wenn in dieser Situation eine Lektion für sie ent-

halten war, kann die Frage nie lauten: »Warum hat Gott mir das angetan?«

Das Kind kam mit dem Wissen, dass es zu so früher Zeit wieder gehen würde. Der Teufel hat nichts damit zu tun. Zu glauben, der Satan habe dabei seine Hand im Spiel, würde voraussetzen, dass er Macht über Gott hätte. Das Leben, der Tod und alles dazwischen ist die Sache des *all*mächtigen Gottes.

Abgesehen von Menschen, die ein Kind verlieren, gibt es noch jene, die alles tun würden, um ein Kind zu bekommen. Aber es ist ihnen nicht bestimmt, Eltern zu werden. Auch hier liegt allem Gottes Plan zugrunde. Es hat mit unserem individuellen Karma zu tun und mit der Aufgabe, die die Seele in diesem Leben zu erfüllen hat. Ich bin das beste Beispiel dafür. Ich habe mich verzweifelt danach gesehnt, ein Kind zu bekommen. Ich habe alles versucht: In-vitro-Befruchtung, Operation und vieles andere. Aber ich bin nicht Gott. Das war nichts, was in meiner Entscheidungsmacht lag. Schon als ich noch sehr jung war, hatte mir die Andere Seite sogar mitgeteilt, dass ich nie Kinder bekäme. Aber ich habe darum gekämpft. Ich brauchte lange, bis ich endgültig und vollständig akzeptieren konnte, dass ich eine andere Aufgabe hatte, und bis mein Herz seinen Frieden damit gemacht hat.

Heute bin ich glücklich, auch wenn ich nicht das bekommen habe, was ich eigentlich wollte. Es käme für mich nicht in Frage, herumzusitzen, mich elend zu fühlen und bei Gott zu beklagen. Ich weiß nicht alles, was er weiß. Alles, was ich weiß, ist aber, dass es einen Plan gibt, *für jeden von uns*.

Wie kann ein liebender Gott es zulassen, dass unschuldige Kinder mit furchtbaren Krankheiten oder Behinderungen geboren werden?

Ich glaube, hier sind mehrere Problemstellungen betroffen, oder vielleicht ist es auch nur so, dass die Antwort mit anderen Dingen in Verbindung steht, die nichts mit angeborenen Behinderungen oder Krankheiten zu tun haben. Zuerst einmal geht es um unsere Definition dafür. Wir bezeichnen etwas als »Behinderung«, was in Wirklichkeit das Zeichen einer besonderen Herausforderung ist – oder einer Mission –, die das betreffende Individuum hat. Es fällt uns schwer, das zu verstehen, weil wir es im Vergleich zu uns sehen. Wenn wir über einen einigermaßen vollkommenen Körper verfügen, dann funktioniert er mehr oder weniger so, wie wir es von ihm erwarten. Das bezeichnen wir dann als »normal«. Und alles, was sich von diesem Modell des Normalen unterscheidet, nennen wir eine »Behinderung«: Etwas fehlt oder funktioniert nicht so wie bei uns. Aber wir erkennen nicht, dass – entsprechend dem größeren Plan – es gar nicht da sein oder gar nicht auf dieselbe Weise funktionieren *soll*.

Nach unseren menschlichen Begriffen nehmen wir oft wahr, dass diese Individuen leiden. Nach menschlichen Begriffen leiden sie auch tatsächlich. Doch diese Menschen sind das, was »Missionare« genannt werden könnte. Sie sind buchstäblich mit einer Mission hier, um bei uns einen starken Eindruck zu hinterlassen. Sie rütteln unsere Emotionen auf und bewirken, dass wir spirituell wachsen, und zwar schneller als sonst. Nicht immer sind die »Missionare« Kinder, doch wir neigen dazu, diese eher zu bemerken, weil ihr Anblick uns mehr zu Herzen geht als der eines Erwachsenen mit derselben Herausforderung. Die Wirkung auf uns ist viel stärker.

Das soll jetzt keine Bagatellisierung sein, aber auf sehr reale Weise werden sie oft zum »Paradebeispiel« für ein bestimmtes Problem, das wir alle lösen müssen. Sie lenken unsere Aufmerksamkeit auf eine andauernde tragische Situation, wo über lange Zeit viel gelitten wurde, wir aber einfach nicht genug darauf fokussiert waren, um auf eine Veränderung hinzuarbeiten – ob es die Heilung von einer bestimmten Krankheit ist oder darum geht, eine Krankheit der Gesellschaft zu heilen.

Wir sollten uns auch immer dessen bewusst sein, dass Gottes Ruhm und seine Liebe zu uns groß sind: Auf der Anderen Seite sind wir alle vollkommen und haben keine Einschränkungen mehr, ganz unabhängig davon, wie wir im Diesseits waren.

Einmal kam ein Paar zu mir, dessen kleiner Sohn gerade mal fünf Jahre alt war, als er hinüberging. Während der Sitzung nahm ihr Sohn Kontakt auf und sagte zu mir: »Sie müssen meiner Mutter unbedingt sagen, dass ich hier Fahrrad fahre!« Und er setzte hinzu: »Sagen Sie ihr, sie soll nicht weinen«, doch das war natürlich in den Wind gesprochen. Unter einem Tränenstrom erzählte mir die Mutter, dass ihr Sohn unter einer Krankheit gelitten hatte, die seine Knochen sehr spröde machte. Weil er sich so leicht verletzte und Wunden zudem äußerst schlecht heilten, hatte er auch nicht mit anderen Kindern spielen dürfen. Sie hatte ihn immer gefragt, was er

gern tun wolle – einen Film anschauen, ein Brettspiel spielen oder etwas Besonderes essen? Das Einzige, was er immer wollte, war, anderen Kindern zuzusehen. Jedes Mal, wenn sie ihn fragte, was er tun mochte, wollte er in den Park gehen. Er konnte nicht laufen, sondern musste in einem Buggy sitzen, aber sie gingen dann zusammen in den Park, setzten sich auf eine Bank und sahen den anderen Kindern beim Spielen zu. Und dabei lachte und kicherte er und hatte so viel Freude nur durchs Zuschauen. Besonders mochte er es, andere Kinder beim Fahrradfahren zu beobachten. Dabei war er niemals traurig, im Gegenteil, er versuchte immer, die anderen aufzuheitern. Es brach ihr geradezu das Herz, dass er nicht wie die übrigen Kinder spielen durfte, sondern ihnen nur zuschauen konnte. Nie würde er selbst Fahrrad fahren können, aber er beschwerte sich nicht.
Eigentlich lebte ihr Sohn länger, als ihnen die Ärzte vorausgesagt hatten. Kurz bevor er starb, sah sie ihn in seinem Zimmer an die Decke schauen, in eine der Ecken, und er machte eine Armbewegung, als strecke er den Arm nach jemandem aus. Dann drehte er sich zu seiner Mutter um und sagte: »Mama, sie sagen, jetzt kann ich alles tun, was ich will!«, und dann wechselte er hinüber.

Warum lässt Gott so viel Leid zu?

Ich pflege zu sagen, dass diese Seite des Schleiers die schwierige ist. Die Andere Seite ist Vollkommenheit, aber hier existiert diese nicht. Vielmehr wird unsere Seite oft das »Tal der Tränen« genannt. Natürlich gibt es hier nicht nur Schmerz, sondern es ist eine Mischung aus beidem, von Freude wie auch von Leid. Doch das Diesseits ist der Ort, wo wir unsere Lektionen lernen und uns spirituell weiterentwickeln.

Eine buddhistische Vorstellung besagt, dass jeder Schmerz fühlt, aber nicht jeder leidet. Damit soll ausgedrückt werden, dass wir die Wahl haben, auf welche Weise wir den Schmerz in unserem Leben annehmen. Wir können ihn in etwas anderes transformieren, statt auf unseren Kummer mit grenzenloser Trauer oder Depression zu reagieren. Doch ich gebe zu, dass es spiritueller Übung bedarf – die sich über lange Jahre oder sogar über mehrere Leben erstrecken kann –, diese Wahrheit in ihrem ganzen Ausmaß zu begreifen und umzusetzen. Das sollte uns aber nicht daran hindern, sofort damit anzufangen!

Meine Freundin Barbara, von der ich schon gesprochen habe, ist eine sehr große Tierliebhaberin. Sie hat ein riesengroßes Herz und kann an keiner Kreatur in Not vorbeigehen. An einem Sommertag nahm sie ihre beiden Hunde an die Leine und ging Richtung Wald, um einen Spaziergang zu machen. Als sie auf ihrem Weg an einem Parkplatz vorbeikam, beobachtete sie, dass sich auf einem nahe gelegenen Gebäude unzählige Vögel niedergelassen hatten und, was sehr merkwürdig war, alle ein bestimmtes Auto zu beobachten schienen. Barbara ging zu diesem Auto und sah, dass ein winziges Tier darunter lag – sehr klein und mit geschlossenen Augen. Ohne das Tier genau anzuschauen (sie erzählte mir später, dass sie es für eine Maus gehalten hatte), legte sie es in ihre Tasche, kehrte mit den Hunden um und rannte schnurstracks nach Hause. Dort machte sie sich auf die Suche nach einer Schachtel und fütterte diese mit einem Stückchen Fell aus. Dann suchte sie eine Pipette und wärmte etwas Milch. Sie wollte versuchen, dem winzigen Wesen ein wenig Nahrung zu geben. Jetzt erst bemerkte sie, dass sie ein Kätzchen nach Hause gebracht hatte, das höchstens ein paar Tage alt war. Ihr kleiner Terrier Penelope hatte offensichtlich einen Narren an ihm gefressen und hielt eifrig über ihm Wache, während sie ihren Vater anrief, um seinen Rat einzuholen.

Was ihr Vater sagte, war wenig ermutigend. Er meinte: »Schatz, mit dem Tierchen wird irgendwas nicht in Ordnung sein. Normalerweise lässt eine Mutterkatze ein Junges nicht im Stich, es sei denn, mit ihm stimmt etwas nicht.« Ihr war nichts aufgefallen, aber da sie dem Wissen ihres Vaters vertraute, schaute sie sich das Kätzchen noch einmal genauer an und sah, dass er recht gehabt hatte. An der Innenseite eines Hinterlaufs war eine offene Wunde. Ihr wurde klar, dass sie das Kätzchen am nächsten Tag zum Tierarzt bringen musste, aber im Augenblick konzentrierte sie sich darauf, dem Winzling etwas von der Milch einzuflößen, die sie aufgewärmt hatte.

In der Nacht kam Penelope an ihr Bett und bellte sie wach. Es war unverkennbar, dass die Aufregung des Hundes etwas mit dem Kätzchen zu tun hatte. Also stand sie auf und folgte dem Hund zu der Schachtel, die sie für das Tierchen hergerichtet hatte. Ihr wurde sofort klar, dass es gestorben war. Barbara war zutiefst traurig. Auch wenn sie das Kätzchen nicht mal einen Tag lang kannte, hatte sie es in ihr Herz geschlossen. Sie weinte und sprach laut zu Gott: »Ich dachte, wenn du es mir schon gibst, dann darf ich es auch behalten!« Doch offensichtlich sollte das nicht so sein.

Genau sechs Monate nach dem Tag, an dem sie das Kätzchen gefunden hatte, es war ihr Geburtstag, war Barbara in einen ziemlich schweren Autounfall verwickelt und musste ins Krankenhaus eingeliefert werden. Als sie auf einer Liege im Flur lag, sprach sie wieder zu Gott und fragte ihn, warum er ihr so etwas zustoßen ließ, welche Lektion sie daraus lernen sollte? War sie nicht demütig genug gewesen? Was könnte denn der Grund dafür sein? Doch es sollten ihr noch mehr Schicksalsschläge bevorstehen.

Innerhalb der nächsten drei Wochen starb ihr Vater. Dann wurde ihre geliebte Penelope von einem Auto angefahren und starb ebenfalls. Die Verluste waren kaum zu ertragen, aber bei Barbara kristallisierte sich eine Antwort heraus: *Nichts* von alledem gehörte ihr für immer. Sie begriff, dass alles, was sie hatte, alle guten Dinge in ihrem Leben, nur Leihgaben waren und sie alles der Güte Gottes verdankte. Sie besaß nichts. Es war Gottes Liebe zu ihr, die ihr all das gab, was sie hatte.

Auf Regen folgt Sonnenschein, und wir müssen einfach nur immer unser Bestes geben, ganz gleich, was geschieht. Gott traut uns nicht mehr zu, als wir bewältigen können, auch wenn es manchmal anders aussieht. Auf der materiellen Ebene ist nichts von Dauer. Nur auf der spirituellen sind wir auf ewig in Gottes Liebe geborgen. Das ist die einzige wahre Wirklichkeit, und sie ist nichts als Freude. Auf Erden kündigen sich viele unserer Lektionen mit harten Schlägen an, doch wir dürfen nicht vergessen, dass diese nicht als Bestrafung gemeint sind. Wir werden mit unseren Problemen und unseren Krankheiten konfrontiert, damit wir lernen und wachsen können. Prinzessin Diana zog ihre Handschuhe aus und küsste Aidspatienten. Das machte sie wunderbar. Es fällt Menschen schwer, dies zu begreifen – wir agieren von einer so kleinen Wissensbasis aus. Es liegt an uns, unsere besten Fähigkeiten einzusetzen, um das Unvollkommene vollkommener zu machen. Um einander zu trösten, wenn wir Schmerz empfinden, um zu lernen und zu lieben.

Warum geben uns die Toten keine deutlicheren Zeichen, um unsere Aufmerksamkeit zu gewinnen? Ich habe versucht, mit meiner Mutter zu kommunizieren, allerdings ohne Erfolg.

Es muss nicht immer der Fall sein, aber meistens entscheiden sich die Toten dafür, dezente Zeichen zu geben, nichts Auffälliges. Doch seien wir ehrlich, wenn Ihre Mutter Ihnen die Wahl ließe: »Soll ich dir den Vogel zeigen, der für mich immer der schönste war, oder ist es dir lieber, wenn ich dir ein Klavier auf den Kopf fallen lasse?«, würden Sie sich dann für das Klavier entscheiden? Betrachten Sie das Ganze doch mal aus einem anderen Blickwinkel. Wenn wir hier auf Erden sind, befinden wir uns sozusagen in der Schule, und was lehrt man uns in der Schule? Dass wir aufmerksam sein sollen und unseren Kopf einsetzen, um Antworten zu finden. Im

Zauberer von Oz bekam Dorothy ihre Antworten nicht einfach vorgesagt – sie musste nach ihnen suchen. Keiner sagte: »Lass uns auf den Punkt kommen, Dorothy. Was hat es denn für einen Sinn, diese Reise zu machen, wenn du dabei doch nichts anderes lernst, als dass es zu Hause am schönsten ist?« Nein, sie musste von zu Hause weggehen und es selbst herausfinden.

Und uns geht es nicht anders. Wir brauchen die Erfahrungen, wir müssen lernen, uns das *Wissen* erarbeiten. Sagen wir zum Beispiel, Ihre kleine Heimatstadt ist hübsch, es gibt Vereine, jede Menge Gemeindeveranstaltungen und so weiter. Und was denken Sie von ihr? Langweilig! Dann verbringen Sie einige Zeit in der Ferne; und all das, was Ihnen zuvor spießig oder wenig aufregend vorkam, erscheint Ihnen in der Erinnerung jetzt kostbar. Wie wunderbar war es doch, mit Familie und Freunden immer zusammen sein zu können, gemeinsam einen Ort zu haben, wo man hingehörte. Aber das kann man keinem in Worten vermitteln, diese Erfahrung muss man selbst machen. Sosehr sich die lieben Verstorbenen wünschen, mit uns Verbindung aufzunehmen und uns zu trösten, werden sie uns dennoch nicht die Signalflagge ins Gesicht halten. Ihre Mutter möchte, dass Sie lernen, sich auf Dinge zu verlassen, die unter der Oberfläche liegen. Halten Sie die Augen offen und achten Sie auf kleine Zeichen – Centstücke, die immer wieder vor Ihnen auf dem Boden liegen, wenn Sie Ihre alltäglichen Gänge machen, ein Schmetterling, der an einem besonderen Tag immer wieder in der Nähe Ihres Hauses auftaucht. Offen zu bleiben, damit man Zeichen sehen kann und die kleinen Hinweise nicht übersieht – das ist der Weg, um eine

Verbindung aufzubauen. Sie werden keinen Brief von Ihrer Mutter bekommen oder eine Postkarte mit der Nachricht: »Ich bin hier!«

Haben Sie je versucht, mit jemandem Kontakt aufzunehmen, der inzwischen wiedergeboren wurde? Und wenn, was ist dabei herausgekommen?

Diese Frage kam von einem Mann namens Patrick als Reaktion auf meinen Newsletter, und ich muss zugeben, dass sie mir noch niemand gestellt hatte. Des Weiteren muss ich zugeben, dass ich zwar sofort die Antwort wusste, aber es mir sehr schwerfiel, einen Weg zu finden, dies auszudrücken! Doch hier ist sie: Da meine Kommunikation zwischen dem Diesseits und der Anderen Seite stattfindet, würde ich jemanden, der bereits wieder hier ist, nicht erreichen können. In diesem Fall wäre es, als wollte ich telepathisch mit jemandem kommunizieren, ohne die geringste Ahnung zu haben, wer oder wo auf der Welt er gerade ist. Die Antwort hat zwei Teile, ist aber dennoch einfach: Erstens wäre ich einfach nicht in der Lage, denjenigen zu erreichen. Zweitens würde es dazu nie kommen. Nach all dem, was mir gesagt wurde, werden jene, die wir gekannt und geliebt haben und die vor uns hinübergewechselt sind, auf der Anderen Seite auf uns warten, um uns zu begrüßen, wenn wir gehen. Gott ist so voller Herrlichkeit, er möchte, dass wir die Gelegenheit haben, wieder mit allen zusammen zu sein. Wir werden nicht wiedergeboren, bevor nicht all jene, die zusammengehören, sich wiedergefunden haben.

Kann ich meine verstorbene Mutter bitten, dass Sie mir hilft, meinen Seelenfreund zu finden?

Hier möchte ich noch einmal deutlich klarstellen, dass ein Seelenfreund nicht unbedingt »Gatte« oder »Ehefrau« beziehungsweise »Partner« in einer Beziehung sein muss. Dies vorausgesetzt, können Sie das machen. Aber wahrscheinlich brauchen Sie die Hilfe Ihrer Mutter gar nicht, denn entweder gehört dieser Mensch bereits zu Ihrem Leben, oder er wird zu einem vorbestimmten Zeitpunkt in Ihr Leben treten. Wenn Letzteres der Fall ist, dann werden Sie vielleicht trotz der Hilfe Ihrer Mutter abwarten müssen.

Doch wenn mir diese Frage (oder eine ähnliche) gestellt wird, dann ist damit meist gemeint: »Kann meine Mutter mir helfen, den richtigen Mann oder die richtige Frau zu finden?«, also einen Partner, nicht einen Seelenfreund, der in diesem Leben auch Ihr Bruder oder Ihre Schwester sein könnte. Selbstverständlich können Sie die Andere Seite um Hilfe bitten in diesem Punkt, solange Sie auch Ihren Teil dazu beitragen und für die Menschen offen und aufnahmefähig sind. Es ist nicht unmöglich, aber es wäre schon ein seltener Fall, dass dieser Mensch buchstäblich an Ihre Tür klopfen würde (es sei denn, es ist der Postbote). Also machen Sie es Ihrer verstorbenen Mutter nicht so schwer, sondern gehen Sie aus und unternehmen Sie etwas, was Ihnen Spaß macht. Und dann, um Himmels willen, halten Sie die Augen offen – wachen Sie auf, wenn dieser Typ mit dem netten Lächeln im Coffeeshop versehentlich Ihren Kaffee ausschüttet oder wenn am anderen Ende der Leine des niedlichen Hundes im Park ein recht interessanter Mensch zu sein scheint. Solche Zufälle gibt es nicht nur im Film!

Wie kann meine verstorbene Mutter wissen, wer der oder die Richtige für mich ist? Und woher weiß ich, dass ich ihre Botschaft richtig verstanden habe?

Ihre Mutter (oder Ihr Vater, Großvater, Ihre Oma oder welcher geliebte Mensch es auch immer ist, den Sie auf der Anderen Seite haben) ist bei Gott, und Gott hat das Buch des Lebens offen auf seinem Schoß liegen. Er möchte Ihnen helfen (nur für den Fall, dass Ihre Mutter dazu keine Lust hat – kleiner Scherz!). Gott und Ihre Mutter erstellen einen Kalender mit Ereignissen, durch die Ihre Liebe zu Ihnen kommen wird.
Und Sie sollten noch etwas bedenken: Wenn Sie tief im Herzen wissen, was Sie für ein guter Fang sind, aber nicht den Richtigen oder die Richtige finden können, glauben Sie nicht, dass es hier eine andere, ebenso großartige Person gibt, die auch jemanden auf der Anderen Seite hat,

der sich darum bemüht, ihr oder ihm zu helfen? Also haben Sie in Wirklichkeit sogar zwei Teams von Schutzengeln, die an einem Strang ziehen, um Sie und diesen besonderen Menschen zusammenzubringen, weil es für Sie *beide* einfach eine wunderbare Sache ist!

Doch auch Sie müssen etwas dazu beitragen. Sie müssen darauf vertrauen, daran glauben und offen sein. Kein Fall ist für die Andere Seite zu schwierig, wenn es um die Liebe geht. Es stimmt schon: Manche Menschen bekommen keinen »Sex in der City« … Doch in vielen Fällen liegt das daran, dass sie sich dem nicht öffnen. Sie sind sich so sicher, dass es hoffnungslos ist. Manchmal sind aber auch ihre Ansprüche so himmelhoch – sie stellen an einen potenziellen Partner Erwartungen, die sie nicht mal selbst erfüllen.

Ich habe wirklich großes Glück, John gefunden zu haben. Und ich glaube wirklich, die Andere Seite hatte etwas damit zu tun, dass wir zusammengekommen sind. Ich weiß nicht, was er dazu sagen würde, aber was mich betrifft, sind er und ich das vollkommene Paar. Er ist so ruhig und geduldig. Es stört ihn nicht, dass ich so viel rede – und ich rede und rede. Wie ein Uhrwerk! Könnten Sie sich vorstellen, dass ich mit einem »Oberlehrer« verheiratet wäre? Du liebe Zeit!

Meine Mutter pflegte zu sagen, dass es für jeden Topf einen Deckel gibt. Mit anderen Worten: Ganz gleich, ein wie komischer Vogel ein Mensch auch ist, es gibt irgendwo da draußen einen anderen, der für diese Person genau der oder die Richtige ist. Doch wenn ich auf mein Leben zurückblicke und bedenke, welch reichlich merkwürdigen Leuten ich schon begegnet bin, dann bin ich nicht mehr so sicher, ob es wirklich für jeden Topf einen Deckel gibt. Manche Leute müssen sich wohl mit Alufolie begnügen …

Ist unser Todeszeitpunkt bereits »in Stein gemeißelt«, bevor wir geboren werden?

Ja, bis zu einem gewissen Grad. Es gibt einen großen Plan, der allem zugrunde liegt. Der richtet sich nach der Reise, die die jeweilige Seele zu machen hat. Wann und wo ein Mensch diese Seite verlässt, hängt im Allgemeinen davon ab, wann er die Aufgabe vollendet hat, die zu erfüllen er hierherkam. Welche Aufgabe auch immer wir haben, sie zu vollenden dauert so lange, wie es eben dauert. Wenn wir zur Anderen Seite hinübergehen, gibt es eine große Willkommensparty, also hat man etwas, worauf man sich freuen kann – wenn es so weit ist! Doch auch wenn die Aufgabe nicht beendet ist, wenn Körper oder Geist eines Menschen erschöpft sind oder dieser Mensch sich in einer Situation befindet, wo er eingeschränkt ist in seiner Fähigkeit, zu wachsen, oder daran gehindert wird, dann kann es sein, dass er geht.

Wenn ich jemandem erzähle, die Andere Seite habe mir gesagt, dass etwas geschehen wird – es könnte eine Hochzeit sein, eine Geburt, ein neues Auto oder eine neue Arbeitsstelle –, dann bin ich mir nie ganz sicher, zu welchem Zeitpunkt das eintreten wird. Oft wird mir zwar ein Hinweis gegeben, aber es bleibt vage. Manchmal übermitteln sie mir, dass es direkt vor uns oder direkt hinter uns ist, aber sie können mir nicht wirklich sagen, dass es an diesem Dienstag um 19.24 Uhr eintreten wird.

Bei einer meiner Shows, die noch nicht lange her ist, hielt ich eine Sitzung für eine Frau ab; und drei Brüder und ihre Mutter nahmen Kontakt auf. Es war ein Schock für mich, dass schon drei ihrer Brüder auf der Anderen Seite waren, denn sie kam mir nicht alt vor. Ich wusste, dass sie mir etwas über Zeit zu sagen versuchten, aber ich konnte es nicht herausfinden. Gerade hatte ich ihr erzählt: »Sie sagen mir, dass Sie in einem guten Gesundheitszustand sind und ein langes Leben haben werden.« Sie wirkte etwas überrascht, aber vermutlich habe ich das nicht gleich bemerkt, denn die Brüder sprachen immer noch weiter, und ich fragte: »Sehen Sie jedes Mal, wenn Sie auf die Uhr schauen, dieselbe Zeit? Kann es sein, dass sie Ihnen eine bestimmte Zeit zeigen, um Sie darauf aufmerksam zu machen, dass sie immer in Ihrer Nähe sind? Denn es geht immer irgendwie um Zeit, aber ich kann mir keinen Reim darauf machen.« Das verneinte sie, aber sie erklärte, sie wisse, worauf sie sich bezogen. Doch das habe nichts mit den Ziffern auf der Uhr zu tun. Sie versuchten immer wieder, ihr zu versichern, dass sie ein langes Leben haben würde. Sie habe unter einer absoluten Fixierung auf die Zahl Fünfzig gelitten. Es hatte sie gequält, dass weder ihre Eltern noch eines ihrer Geschwister dieses Alter erreicht hatten. Nun versuchten sie, ihr zu versichern, dass es ihr gelingen würde.

Gibt es eine Möglichkeit, unsere Verabredung mit dem Schicksal zu verändern?

Manche Menschen entwickeln einen ausgeprägten Sinn dafür, wie lange sie leben werden; sei es, dass sie besondere Vorahnungen haben oder einfach nur ein Bauchgefühl. Aber dennoch haben wir unseren freien Willen, und uns bleiben immer Möglichkeiten, die Reise unserer Seele in diesem Leben zu vollenden. Es kann vorkommen, dass wir in gewisser Weise den Zeitpunkt, an dem wir die Welt verlassen müssen, verhandeln können, selbst wenn wir sehr krank sind und der Tod unmittelbar bevorzustehen scheint. Ich habe unzählige Geschichten über Menschen gehört, die alt oder sehr krank waren und von der Anderen Seite kontaktiert wurden. Sie haben einen geliebten Menschen, der schon hinübergegangen ist, entweder gesehen oder gehört, der ihnen mitteilte, dass ihre Zeit gekommen sei. Wenn diese Menschen das starke Empfinden haben, dass sie hier noch etwas sehr Wichtiges zu erledigen haben, dann gesteht man ihnen manchmal eine »Verlängerung« zu. Dann kann es zu einer spontanen Besserung kommen, oder irgendeine andere Intervention gibt ihnen neuen Auftrieb. *In den meisten Fällen* ist das aber nur ein kleiner Aufschub, auch ist es von Person zu Person verschieden. Den Grund dafür kenne ich nicht.

Was soll ich tun, wenn ich ganz deutlich spüre, dass jemand sterben wird, und der Betreffende aber weder krank ist noch in Schwierigkeiten?

Es ist möglich, dass Sie vielleicht eine echte mediale Botschaft erhalten haben, die diese Person betrifft. Falls Sie aber nicht schon über längere Zeit übersinnliche Wahrnehmungen hatten oder sogar selbst dann, wenn Sie eine solche Vorgeschichte haben, würde ich nicht empfehlen, so etwas zu einem Menschen zu sagen. Das ist ein zweischneidiges Schwert – es ist eine heikle Sache, wenn Sie es tun (der Betreffende könnte Angst bekommen oder wütend werden), aber es kann auch problematisch sein, wenn Sie es nicht tun (dann bleiben Sie vielleicht mit dem Gefühl zurück, dass Sie etwas zu tun versäumt haben, als Sie die Gelegenheit dazu gehabt hätten). Doch in der Mehrzahl der Fälle ist es nicht unsere Aufgabe, uns da einzumischen und das Schicksal eines anderen zu lenken. Ein Problem ist, dass Sie sich irren könnten – ihr Gefühl, wenn es denn »echt« ist, könnte vielleicht nur bedeuten, dass dieser Mensch eine Veränderung durchmachen wird oder vor einer neuen Lebenserfahrung steht, die in gewisser Weise »das Leben beenden« wird, wie es der Betreffende bisher geführt hat. Was Sie aber tun können, ist, diesen Menschen einfach zu fragen, ob es ihm gutgeht, ob mit ihm alles in Ordnung ist. Das ist das, was Sie tun können. Nach außen hin mag es aussehen, als ob im Leben des Betreffenden einfach alles großartig ist, doch unter der Oberfläche kann etwas sein, von dem Sie nichts wissen, was er versteckt hält und was vielleicht der Auslöser ist für das, was Sie wahrgenommen haben. Als Freund können Sie diesem Menschen vielleicht helfen, ohne ihm zu sagen: »Ich glaube, du stirbst bald.«

Wenn ich eine Sitzung für jemanden abhalte und eine solche Botschaft empfange, sage ich nicht: »Oh, sie erzählen mir, dass sie Sie bald holen werden.« Stattdessen sage ich: »Sie wollen, dass Sie X für sich tun«, etwas, von dem sie wissen, dass es den Betreffenden in der verbliebenen Zeit glücklich machen wird. Oder: »Sie wollen Ihnen sagen, dass Sie Ihre Angelegenheiten in Ordnung bringen sollen«, was nicht bedeutet: »Das war's dann«, sondern dem Betreffenden die Erkenntnis gibt, dass seine Zeit hier nun kostbarer ist als je zuvor.

Wenn jemand mich direkt fragte: »Sagen sie, dass ich bald sterbe?«, dann würde ich ihm eine ebenso direkte und wahre Antwort geben. Doch das ist etwas ganz anderes, als wenn ich selbst die Initiative ergriffe, es ihm zu sagen. Jemand, der kein Medium ist, sollte sich auf diesem Gebiet sehr vorsichtig bewegen und vor allem um spirituelle Führung bitten. Das ist eine Frage an Gott, nicht an mich.

Einmal kam ein Mann zu mir, für den ich eine Sitzung abhalten sollte und der sehr ausgezehrt aussah. Dazu hatte er einen deformierten Bauch, der bei seinem äußerst knochigen Körperbau auffällig vorstand. Es war offensichtlich, dass es ihm gesundheitlich nicht gutging. Ich hörte, wie die Andere Seite mir mitteilte, er habe nicht mehr lange zu leben; aber es war für mich nicht klar, ob er das bereits wusste. Und obwohl ich sehr eindeutige Botschaften bekam, befand ich mich im Zweifel, ob ich ihm das offen sagen sollte. Also legte ich den Schwerpunkt der Sitzung auf sein Begrüßungskomitee, all seine Verwandten, die schon hinübergegangen waren, die beschrieben, wie wunderbar es dort war und wie glücklich sie seien. Ich überließ es ihm, ob er von mir etwas über seinen Gesundheitszustand erfahren wollte oder nicht. Aber schließlich fragte er mich, und ich gab ihm die Antwort. Keine drei Wochen später ist er gestorben, und seine Familie erzählte mir, wie glücklich und voller Frieden er war, als er starb. Zu wissen, dass es da, wo er hinging, wunderbar und vollkommen war und dass andere Familienmitglieder, die er liebte und die ihn liebten, dort auf ihn warten würden, hatte für ihn den entscheidenden Unterschied ausgemacht.

Wenn jemand nicht an die Andere Seite glaubt, wie kann er seine Skepsis überwinden?

Ich glaube nicht, dass es ein Zaubermittel gibt, um jemanden von etwas zu überzeugen, von dem er nicht überzeugt werden will. Bei meiner Arbeit treffe ich weit mehr Menschen, die die Wahrheit wissen über die Existenz der Anderen Seite, als solche, die daran nicht glauben. Aber es gibt auch welche, die zu mir kommen, nur weil sie beweisen wollen, dass sie es besser wüssten. Alle anderen würden sich nur selbst betrügen, oder ich sei so eine phantastische Schauspielerin, dass ich sie alle mit meiner Vorstellung getäuscht habe. Ich bin sehr froh,

dass ich von dieser Sorte nicht allzu viele zu sehen bekomme.
Diese Leute wissen nicht, dass ich sozusagen bereits auf den Prüfstand gestellt worden bin, und zwar von meinem eigenen Ehemann, der Vorbehalte hatte, obwohl er nie an mir zweifelte. Manchmal habe ich behauptet, John sei Atheist gewesen, als wir uns kennenlernten. Aber das ist nicht ganz richtig. Ich weiß, John hatte immer die Möglichkeit offengelassen, dass es irgendeine Art höherer Macht gibt. Beispielsweise sagte er stets, dass wir alle aus Energie bestehen und Energie weder geschaffen noch zerstört werden könne. Darum frage er sich, was mit uns geschehe, wenn wir sterben. Aber er war nicht überzeugt, dass es so etwas wie den Himmel gibt, einen Ort wie die Andere Seite. Ich glaube, die von Menschen geschaffenen Religionen und die Geschichten und Mythen, die zu ihnen gehören, waren einfach nicht Johns Sache.
Jeder Mensch ist anders, fühlt sich von anderem angesprochen oder überzeugt. Bei John war es eine Sitzung, die ich während einer meiner Shows für eine Frau abhielt. Ihr Ehemann nahm Kontakt auf und ließ ihr sagen, dass sie den »Fisch-Tisch« ruhig entsorgen könne. Die Frau wurde leichenblass, wie ohnmächtig. Als ihre Freunde sie »wiederbelebt« hatten, stellte sich heraus, dass ihr Ehemann einen Tisch hatte fertigen lassen, der irgendwas mit Fisch zu tun hatte – ich erinnere mich nicht, was genau es war. Doch obwohl er ihr damit eine Freude machen wollte, hatte sie den Tisch offensichtlich nie gemocht, ihn aber behalten, um seine Gefühle nicht zu verletzen. Nach dem Tod ihres Mannes wollte sie ihn

auch nicht weggeben, weil er sie an ihn erinnerte. Aber vielleicht hätte sie sich auch schuldig gefühlt, wenn sie sich von dem Teil getrennt hätte, das er so geliebt hatte. Wer weiß, vielleicht schätzte sie ihn sogar inzwischen, weil er sie an ihren Mann erinnerte. Und jetzt kommt er von der Anderen Seite, um ihr zu sagen: »Also los, Schatz, schmeiß den ›Fisch-Tisch‹ raus – du brauchst ihn nicht mehr zu behalten.«

Nun, bei den vielen Sitzungen, die ich abgehalten habe, gab es genügend dramatische Fälle. Aber aus welchem Grund auch immer, es war diese Geschichte, die meinen Mann erreicht hat. Wie er erzählt, lag es daran, dass sie so absolut alltäglich war: ein ganz gewöhnlicher Mann, eine ganz gewöhnliche Frau, eine ganz gewöhnliche Ehe. In jeder Ehe gibt es diese Dinge, die den einen oder anderen stören, und dennoch finden wir uns damit ab, weil das einfach dazugehört. In einer Ehe gibt es Sachen, die man aus Liebe macht, selbst wenn man dabei die Zähne zusammenbeißen muss. In dieser Ehe hieß das, sich mit dem »Fisch-Tisch« abzufinden. Doch jetzt, aus dem Blickwinkel der Anderen Seite, wollte dieser Mann seiner Frau mitteilen: »Du brauchst das nicht mehr mir zuliebe zu ertragen, du kannst den Tisch entsorgen.« Und wissen Sie, was? Nichts ist so wichtig, nichts Materielles ist von wirklicher Bedeutung. Im großen Plan hat ein »Fisch-Tisch« oder auch irgendetwas anderes dieser Art keinerlei Bedeutung. Das war so einfach, so alltäglich; aber es war der Punkt, an dem John eine Kehrtwende machte und zu einem Glaubenden wurde. Es war so unbedeutend und doch so besonders. Er versicherte mir, dies sei selbst aus dem Blickwinkel eines Skeptikers eine so ausgefallene

Sache, dass niemand allein durch Vermutungen darauf hätte kommen können.
Was die Skeptiker betrifft, weiß niemand, was den einen überzeugt und was den anderen. Jeder Mensch hat seinen eigenen kleinen »Knopf«, und wenn der einmal gedrückt ist, gibt es kein Zurück. Um die Wahrheit zu sagen, ich finde es zwar großartig, wenn so etwas passiert. Aber es ist nicht so, dass ich nach diesen »Knöpfen« Ausschau hielte. Ich tue einfach das, was ich tue. Ab und zu treffe ich einen von ihnen bei meinen Shows oder bekomme einen Brief wie neulich von einem zweiundsechzigjährigen Mann, der mir schrieb, er halte nichts von Medien. Doch seine Frau habe mein Buch auf seinen Nachttisch gelegt, auf dem sich immer seine Bettlektüre befindet, und er hob es eigentlich nur auf, um es woanders hinzulegen. Aber dann begann er zu lesen und konnte nicht mehr aufhören. Er hatte das Gefühl, als habe er wirklich etwas gelernt, und wurde überzeugt.
Manchmal erzählen mir Menschen Geschichten, die mit mir überhaupt nichts zu tun haben, etwas, was sie selbst erlebt haben und das ihnen das Licht aufgehen ließ, weswegen sie jetzt in eine meiner Shows kommen. Ich habe wirklich nichts gegen Skeptiker, solange ihr Geist offen ist und sie bereit sind, die Wahrheit zu sehen. Die Einzigen, die mich wirklich ärgern, sind jene, die einfach aus Prinzip dagegen sind und selbst dann, wenn sie die Wahrheit sehen, ihr einen anderen Namen geben.
Skeptikern sage ich immer: »Ich kenne nicht alle Antworten. Aber *einige* habe ich sehr wohl, und ich versuche einfach nur, mein Bestes zu geben mit dem, was mir zur Verfügung steht.« Allerdings freue ich mich, wenn ich

etwas richtig deute – selbst wenn die eigentliche Anerkennung den Toten dort drüben gebührt. Vielleicht gibt es ja eines Tages eine kleine Concetta-Puppe – an ihrem Rücken ist eine Schnur, und wenn man daran zieht, spricht sie: »Ich habe es dir gesagt!«

Scherz beiseite, es bedeutet mir sehr viel, wenn es mir gelingt, einen Skeptiker zu überzeugen. Nicht, weil es für mich wichtig ist, dass sie an meine Fähigkeiten glauben. Sondern weil ich weiß, wie viel Frieden die meisten Menschen daraus gewinnen, sich sicher sein zu dürfen, dass ihre verstorbenen Lieben immer bei ihnen sind. Wenn schon nicht im Fleisch, dann im Geiste.

Nach einer Show in Mayfair Farms in West Orange, New Jersey (eine beliebte »Location« für Hochzeiten und dergleichen), war ich dabei, Bücher zu signieren. Dann kam ein Herr an die Reihe, für den ich während der Show eine Sitzung abgehalten hatte, und ich erinnerte mich an unsere Begegnung: Er hatte seine Tochter verloren, und sie war in Kontakt getreten mit einer Reihe bestätigender Botschaften. Unter anderem sagte sie, sie wisse, dass die Familie eine Kreuzfahrt plane und er eigentlich nicht mitfahren wolle – weil er das Gefühl hatte, es wäre nicht dasselbe, weil die Familie eben nicht mehr vollständig sei. Er konnte sich nicht vorstellen, dass er diese traditionelle Familienreise genießen könne, wenn sie nicht mehr dabei sei. Seine Tochter wusste das und drängte ihn, mitzufahren. Sie versicherte ihm, dass sie auf jeden Fall bei ihnen sein würde. Sie würde im Geiste immer bei ihm sein, egal, wo er wäre. Dieser Mann sagte zu mir: »Concetta, ich muss Ihnen etwas beichten. Ich wollte nicht zu Ihrer heutigen Show kommen. Ich hab das für

Unfug gehalten, dass die Toten weiterleben und dass wir von ihnen hören können. Doch als meine Tochter mir zugeraten hat, auf die Kreuzfahrt zu gehen, da war es um mich geschehen.« Er konnte vor Rührung nicht mehr sprechen, und mir ging es auch nicht anders. Wir hatten beide Tränen in den Augen. Bewegt sagte er zu mir: »Concetta, Sie kennen mich nicht, aber ich liebe Sie.« Ich antwortete: »Sie haben recht. Ich kenne Sie ebenfalls nicht. Aber auch ich liebe Sie.« Unsere Tränen sind es, die uns verbinden. Und das ist es, was uns alle menschlich macht.

Stimmt es, dass die Lichtflecken, die manchmal auf Fotografien zu sehen sind, in Wirklichkeit Geister sind?

Ja, das stimmt. Es handelt sich dabei nicht um eine Funktionsstörung der Kamera – Ihre Kamera kann nagelneu sein, es kann eine analoge oder eine digitale Kamera sein, das spielt keine Rolle. Geistwesen sind Energie, deshalb werden sie oft auf Ihren Bildern zu sehen sein. Kleine Lichtblasen, manchmal auch als »Geisterflecken« oder »Orbs« bezeichnet – das sind Geistwesen oder Seelen. Zuweilen scheine ich nicht ein einziges Foto schießen zu können, ohne dass einer oder mehrere darauf zu sehen sind.

Folgende Geschichte wurde mir erzählt: Der Vater einer jungen Frau war gestorben, und sie war ganz verzweifelt, weil sie kurz vor der Hochzeit stand, die jetzt ohne ihren Vater stattfinden musste. Sie hatte keinen professionellen Fotografen engagiert, sondern die Aufnahmen wurden von der Familie und von Freunden gemacht. Nach der Hochzeit gab sie den Film in einem Geschäft zum Entwickeln ab, aber traurigerweise brannte dieses Geschäft aus. Nun hatte sie also keine Fotos mehr von ihrer Hochzeit. Dann rief eine Freundin an, die ihr erzählte, sie habe noch eine Rolle Film, die sie auf der Hochzeit verknipst hatte, leider habe sie aber zum größten Teil Stimmungsfotos gemacht, von den Gästen und dem Kuchen und so weiter. Sie hatte nur ein einziges Bild von der Braut in ihrem Kleid. Und siehe da, als diese Frau das Foto anschaute, das sie in ihrem Brautkleid zeigte, da sah sie direkt neben sich einen dieser leuchtenden Himmelskörper – ihr Vater, ohne Zweifel.

Als ich mit dem Produzenten Glenn Davish und seiner Mannschaft in Chicago unterwegs war, um Filmmaterial aufzunehmen, hatten wir ein Greenscreen, vor dem ich aufgenommen wurde, so dass sie hinter mir unterschiedliche Hintergründe und Effekte einspielen konnten. Der Tag war sehr anstrengend, machte aber Spaß, und viele Crewmitglieder schossen neben den laufenden Filmaufnahmen noch normale Fotos. Als ich die Bilder von mir vor dem Greenscreen sah, schien es zu schneien! Unzählige Himmelskörper – all die Geister, von denen ich umgeben war.

Mit welchen Methoden können Sie bei einer Sitzung die Person identifizieren, die auf die Andere Seite gewechselt hat? Welche Hinweise bekommen Sie?

Als Medium bin ich hellfühlig, das heißt, dass ich nicht nur Bilder sehe und Stimmen höre, sondern auch mein Körper bekommt physische Eindrücke, und oft kann ich das Geistwesen, mit dem ich arbeite, ebenso *riechen*. Wenn ein Geistwesen zu Lebzeiten Trinker war, nehme ich oft eine deutliche Alkoholwolke wahr. Handelt es sich um einen ehemaligen Raucher, rieche ich auch das. Ebenso nehme ich manchmal ein besonderes Aftershave wahr oder den Duft von Blumen.

Ich hielt einst eine Sitzung für eine meiner Klientinnen ab, und plötzlich kam mir ein ungewöhnlicher Geruch in die Nase. Er war sehr intensiv, aber ich konnte ihn nicht zuordnen. Deshalb fragte ich sie: »Was könnte das für ein Geruch sein? Es riecht ein bisschen nach Medizin.« Da erzählte sie mir von ihrem Kind, einem kleinen Jungen, der eine ausgefallene Krankheit hatte, die in seinem Körper quälende Schmerzen auslöste, besonders in den Beinen. Seine Beine taten ihm so furchtbar weh. Das Einzige, was ihm ein bisschen Erleichterung verschaffte, war das Mittel Bengay. Sie rieb ihm immer die Beine damit ein, was ihm zumindest ein wenig half. Nachdem ihr Kind gestorben war, ging sie einmal in einen Spielzeugladen, um ein Geschenk zu kaufen – ein früherer Spielkamerad ihres Sohnes hatte Geburtstag. Sie stand gerade in einem der Gänge, schaute auf die verschiedenen Spielsachen und wusste nicht recht, was sie auswählen sollte, als ihr plötzlich ein vertrauter Geruch in die Nase stieg. Sofort erkannte sie ihn: Bengay. Sie wusste auf der Stelle, obwohl sonst niemand in dem Gang stand, dass ihr Sohn ganz nah bei ihr war. Sie erzählte mir, sie könne seitdem von Zeit zu Zeit diesen ihr so liebgewordenen medizinischen Duft riechen und wisse dann, dass ihr Junge ihr einen Besuch abstatte. Anderen mag dieser Geruch unangenehm vorkommen, aber jener Frau bringt er Trost.

Wenn ich eine Sitzung abhalte, ist es nicht so, als würde ich ein Manuskript bekommen, das ich dann einfach vorlese, wenn ich auf Sendung bin. Ich erhalte alle möglichen Arten von Hinweisen – Namen, Gerüche, die Art des Hinübergehens und so weiter (die Hinweise werden mir entweder in Worten durch Gedanken gegeben oder durch eine Wahrnehmung meines Körpers, oder ich sehe ein Bild). Selbst wenn ich ein Bild sehe, muss ich herausfinden, was es bedeutet. Oft ist es besser, das Gesehene einfach nur zu beschreiben und es den Klienten zu überlassen, dass sie sich darauf einen Reim machen.

Einmal berichtete ich meinen Klienten, dass ihr lieber Verstorbener immer in ihrer Nähe und auch vor kurzem bei einer Familienfeier bei ihnen gewesen sei. Ich sagte: »Er teilt mir mit, er war auf der Hochzeit dabei.« Sie schienen verblüfft und hatten keine Ahnung, wovon ich sprach. Ich fuhr fort: »Er zeigt mir ein Mädchen in einem weißen Kleid, eine Hochzeit.« Da mussten sie lachen und sagten: »Nein – es war die Erstkommunion unserer kleinen Tochter!« Das wäre natürlich auch noch ein bisschen jung fürs Heiraten.

Kann ein Medium die Geister, die mich umgeben, jederzeit belauschen?

Wenn ich meinen alltäglichen Aufgaben nachgehe, kann ich alle Geister hören und sehen, die in der Nähe anderer Menschen sind. Zum größten Teil achte ich gar nicht darauf, ich blende sie aus. Sie gehen mich wirklich nichts an, und ich würde völlig durchdrehen, falls ich allen Aufmerksamkeit schenkte. Wenn ich eine Sitzung abhalte, dann habe ich vor mir Menschen, die ausdrücklich gekommen sind, um Botschaften von ihren verstorbenen Lieben zu bekommen. Und obwohl sie genau aus diesem Grund da sind, bitte ich sie immer noch laut um die Erlaubnis, ob ich den Geistern zuhören darf, die sie umgeben. Ich halte das für eine Frage der Höflichkeit. Bei den Botschaften, die ich von der Anderen Seite bekomme, handelt es sich meist um die Übermittlung von Trost und Liebe von jenen, deren irdisches Leben beendet ist – zumindest für dieses Mal. Sie haben zwar Anteilnahme für uns, aber selbst zurzeit keine eigenen Anliegen. Die Lebenden sind ja offensichtlich da und haben hier noch viel zu erledigen, und es steht mir wirklich nicht zu, mich da einzumischen. Das würde mich zu einem Eindringling machen.

Stellen Sie sich beispielsweise vor, Sie werden von einem Freund nach Hause eingeladen, und Sie haben ohne Absprache einen Ihrer Bekannten mitgenommen. Die Türglocke klingelt, und bevor Ihr Freund überhaupt sehen kann, wer vor seiner Tür steht, schieben Sie Ihre Begleitung durch die Tür, als ob das Haus Ihnen gehörte. Das ist Hausfriedensbruch. Ich weiß nicht, wie ich es sonst beschreiben sollte.

Gibt es auf der Anderen Seite nur Beziehungen zwischen Männern und Frauen oder auch gleichgeschlechtliche?

Das ist interessant! Nun, auf der Anderen Seite gibt es keine Geschlechter, keine unterscheidenden körperlichen Merkmale, weil es eben keinen Körper gibt. Wir sind dort drüben bloße Energie. Wenn ich eine Sitzung abhalte, dann lassen mich die Geistwesen ungefähr wissen, was sie in ihrem letzten Leben waren; also weiß ich, ob es eine männliche oder weibliche Person ist. Aber der Geist, der mit mir kommuniziert, ist keins von beiden. Folglich ist die Frage, ob ich mit männlichen oder weiblichen Geistern zu tun habe, nur auf der physischen Ebene von Bedeutung.

Solange ich hier bin, muss ich sagen, dass ich sehr gern etwas mit Frauen unternehme – obwohl ich im Grunde heterosexuell und mit einem wunderbaren Mann verheiratet bin. Ich glaube, dass ich häufiger als Frau wiedergeboren wurde denn als Mann; und ich identifiziere mich auch sehr stark damit, eine Frau zu sein. Wie meine beste Freundin Mushy und meine Freundin Gingerbread. Ich bin gern mit Frauen jeder Art zusammen – ob hetero- oder homosexuell. Ich habe viele schwule Freunde. Um

es ehrlich zu sagen, ich bin nur einen Steinwurf davon entfernt, selbst Lesbe zu sein. Außerdem ist es mir wurscht, ob alle das wissen. Es mag Zeitgenossen geben, die das verurteilen, doch das können nur dumme Menschen sein. Ich weiß nicht, warum manche Leute so dagegen sind, dass Homosexuelle heiraten dürfen. Wirklich, was ist daran so furchtbar? Mir persönlich ist es völlig egal – solange es einvernehmlich zwischen Erwachsenen geschieht. Liebe ist und bleibt Liebe!
Auf jeden Fall ist das keine große Sache. Wie ich immer zu sagen pflege: Macht aus der Mücke keinen Elefanten.

Kommt es manchmal vor, dass die Geistwesen Sie nach einer beendeten Sitzung erneut kontaktieren, weil ihnen eingefallen ist, dass sie noch etwas sagen wollten?

Es kommt oft vor, dass ich innehalte, um Gott zu danken. Nicht nur für all das, was ich habe, sondern auch dafür, dass ich diese Aufgabe ausüben darf. Selbst wenn sie mich manchmal bis in die Erschöpfung treibt, ich liebe meine Arbeit bedingungslos. Jede Sitzung, die ich abhalte – dabei spielt es keine Rolle, ob diese unter vier Augen in meinem Sprechzimmer stattfindet oder auf einer meiner Shows mit Hunderten von Menschen –, vermittelt mir das gute Gefühl, dass ich Menschen dabei helfen darf, Frieden und vielleicht sogar Glück zu finden. Dennoch gibt es manchmal Momente, die alles übertreffen. Ein solcher ereignete sich in einer Show, die in Mayfair Farms in West Orange, New Jersey, stattfand, als ich so etwas wie einen Rückruf bekam.

Ich ging den Gang zwischen den Zuschauern durch, und auf dem Weg zum hinteren Teil des Saals hielt ich immer wieder an, um Sitzungen abzuhalten. Diesen Gang war ich schon zu Anfang der Show einmal hinuntergegangen. Da ich aber meinen Rundgang durch den Saal eigentlich abgeschlossen hatte, wollte ich noch einmal zurück, um noch ein paar Sitzungen für Leute in diesem Bereich abzuhalten, die bei meinem ersten Durchgang nicht drangekommen waren. Ich ging ziemlich schnell, da nicht mehr viel Zeit war – eine Hochzeitsgesellschaft hatte den Saal anschließend gebucht. Beim Gehen hörte ich eine überaus drängende Stimme, und mir wurde klar, dass sie von einem Geist kam, der … nun, ehrlich gesagt, es war etwas verwirrend. Ich wusste, dass er entweder Selbstmord begangen hatte oder man *glaubte*, er habe das getan. Er sagte: »Lassen Sie meine Tochter nicht gehen! Sagen Sie ihr, dass es mir gutgeht! Sagen Sie ihr, dass ich nicht bestraft werde!« Natürlich hatte ich keine Ahnung, wen er meinte – überall waren Menschen, rechts und links, vor und hinter mir. Was sollte ich tun? Ich blieb stehen und verkündete an alle gewandt: »Hier ist jemand, der, wie ich glaube, Selbstmord begangen hat, und er hat eine Botschaft für seine Tochter.« Ich musste es zweimal sagen, bevor sich eine Frau direkt neben mir meldete und sagte. »Ich bin das.«

Ich war überrascht, denn ich erkannte in ihr eine Frau, für die ich schon zuvor eine Sitzung abgehalten hatte. Ihr Vater hatte auch Kontakt aufgenommen, aber weder sie noch er übermittelten mir, er sei durch eigene Hand gestorben. Ich hatte keine Ahnung, dass ihre allerwichtigste Frage unbeantwortet geblieben war. Doch ihr Vater wusste es. Ich sagte zu ihr: »Ihr Vater möchte Sie wissen lassen, dass es ihm gutgeht. Ihm ist vergeben worden; er ist für das, was er getan hat, nicht bestraft worden.« Ihre Erleichterung und Dankbarkeit waren unübersehbar. Nach dieser Antwort hatte sie sich gesehnt, aber es war ihr zu peinlich gewesen, die Frage zu stellen. Doch ihr Vater wollte sie an diesem Tag nicht gehen lassen, ohne ihr seelischen Frieden zu geben.

Können Sie sich an eine Sitzung erinnern, die Ihnen als besonders kostbarer Augenblick im Gedächtnis geblieben ist?

Du liebe Zeit, es gab so viele davon; da ist es schwierig, eine auszuwählen, mal sehen ... Einmal war da ein Paar, das mich um eine Sitzung gebeten hatte. Ich fragte sie: »Wer ist George? George sagt etwas über irgendwelche Möbel, und er lächelt dabei.« Nun, augenblicklich ging ein Lächeln auch über ihr Gesicht, und sie mussten mir einfach die Geschichte erzählen. Vor einigen Jahren waren die beiden auf der Suche nach einem Haus gewesen, hatten aber nicht viel Geld. Sie vereinbarten einen Besichtigungstermin, und ein älterer Herr zeigte ihnen das Haus. Das war George. Er hatte keine Familie und wollte in eine Einrichtung mit betreutem Wohnen umziehen.

Während er ihnen alles zeigte, unterhielten sie sich. Sie verstanden sich richtig gut und fühlten sich zueinander hingezogen. Schließlich nannte George ihnen einen Preis für das Haus, den sie sich leisten konnten. Als sie den Vertrag abschlossen, fragte George: »Hätten Sie vielleicht Verwendung für die Möbel?« In seiner neuen Bleibe hatte er nicht genug Platz dafür. Und obwohl die Einrichtung, wie ihm die Frau gestand, absolut nicht ihrem Geschmack entsprach, waren sie damit einverstanden; denn sie hatten weder Möbel noch genug Geld, um welche für das ganze Haus zu kaufen.

Nach einiger Zeit hatte das Paar endlich genug Geld, um manche der Möbelstücke auszutauschen, und für den Anfang beschlossen sie, die Couch wegzugeben. Doch ein paar Nächte bevor die Couch abgeholt werden sollte, träumte die Frau immer wieder von George, der auf der Couch saß, und sie bekam ein schlechtes Gewissen, dass sie das Möbel entsorgen wollten. Vielleicht hatte sie für ihn einen besonderen sentimentalen Wert. Aber dann meldete sich die Vernunft. George lebte nicht mehr, und es gab keinen Grund, warum sie weiterhin mit einem Sofa leben sollten, das sie nicht wirklich mochten. Also gab sie trotz ihrer Träume den Auftrag, das Möbelstück abzuholen. Als die Männer kamen und es hochhoben, bemerkte die Frau, dass eines der Kissen heruntergefallen war, und hörte eine Stimme sagen: »Schau in die Couch.«

Sie erzählt: »Concetta, Sie werden es nicht glauben. Ich steckte meine Hand in die Couch und zog einen Umschlag voller Geld heraus! Und nachdem ich das gefunden hatte, suchte ich weiter und fand insgesamt vier

Umschläge, von denen jeder viertausend Dollar enthielt – alles zusammen sechzehntausend Dollar!«

Sie können sich vorstellen, dass sie danach auch den Rest der Möbel durchsuchte und auseinanderbauten; aber die Couch blieb das einzige Stück, in dem sie Geld fanden. Offensichtlich fand George keine Verwendung dafür. Er hatte keine Familie und war wohl zu dem Entschluss gekommen, dass dieses junge Paar es war, dem er sein Geld am meisten gönnte. Wie meine Klientin mir erzählte: »Sie haben keine Ahnung, was dieses Geld damals für uns bedeutet hat!«

Aber George wusste das. Ist das nicht eine unglaubliche Geschichte? Ich liebe sie.

Was halten Sie von »The Secret – Das Geheimnis«?

Auf jeden Fall glaube ich an das Konzept, das hinter »The Secret – Das Geheimnis« steht, das Gesetz der Anziehung. Das gibt es wirklich, ohne jeden Zweifel. Doch ich glaube, dass viele Menschen große Probleme haben, es anzuwenden; denn sie stehen sich selbst im Weg. Auch wenn sie sich vormachen, dass sie die Prinzipien von »The Secret – Das Geheimnis« anwenden, unterschwellig boykottieren sie sich. Denn in Wirklichkeit glauben sie gar nicht, dass es möglich ist, das, was sie sich wünschen, auch zu bekommen, oder dass ersehnte Ereignisse in ihrem Leben wirklich eintreten.

Ich selbst wende es ständig an; *und ich weiß, dass es funk-*

tioniert. Es ist wirklich unglaublich, was man bewirken kann, wenn man etwas will und dann Geist und Handlungen darauf konzentriert. Nicht selten kommen Klienten zu mir, die sich beklagen, dass absolut nichts geschehen sei, sosehr sie es auch versucht hätten. Ich finde das enttäuschend, denn für mich ist das ganz einfach. *Der allmächtige Gott möchte, dass wir alles haben, was wir uns wünschen.*

Ich will Ihnen das wahre Geheimnis von »The Secret« erzählen. Sagen wir mal, eine junge Frau möchte Schauspielerin werden. Sie kann das, hat die Sensibilität, die Persönlichkeit eines anderen Menschen zu verstehen und darzustellen. Und das Beste: Sie kann auf Knopfdruck weinen. Doch der Weg dahin laugt sie aus – und zwar sehr schnell. Sie glaubt, es sei zu schwierig für sie, sie wird es nicht schaffen, es dauert zu lange. Dann beginnt sie, ihr Selbstvertrauen zu verlieren, und sagt: »Ich bin einfach nicht gut genug, niemand will mich, ich bin eine Versagerin.« Und schon bald entscheidet sie sich dafür, etwas anderes zu machen, und redet sich ein: »Das war eben nichts für mich.« Tatsächlich war sie sehr wohl gut genug, doch unterschwellig hat sie nicht wirklich daran *geglaubt*, dass sie es schafft, wenn sie es nur verbissen genug versuchen würde. Und weil sie nicht daran glaubte, hat sie kurz vor dem Ziel aufgegeben, noch dazu aus den falschen Gründen. Der Schlüssel zu ihrem Scheitern war ihr mangelnder Glaube.

Wenn wir den *unbedingten* Willen haben, das zu bekommen, zu haben und zu sein, was wir uns wünschen, dann ist das der Punkt, an dem wir unser Denken anpassen müssen. Inzwischen habe ich einen Weg gefunden, es so

zu erklären, dass auch die meisten meiner Klienten sagen, sie verstehen es. Ich möchte Ihnen diese Erklärung nicht vorenthalten.
Versuchen Sie, das, was Sie haben wollen, als etwas zu sehen, das tatsächlich in Ihrer (oder jedermanns) Reichweite liegt, sobald Sie bestimmte übliche Vorbedingungen erfüllen. Nehmen wir zum Beispiel den Erwerb des Führerscheins. Als Sie dreizehn oder vierzehn waren, hatten Sie keinen Führerschein, konnten aber auch keinen bekommen. Das hatte nichts mit Ihnen persönlich zu tun, es war einfach gesetzlich nicht möglich für jemand Ihres Alters. Aber Sie haben sich nicht verrückt gemacht mit »Ich weiß, ich werde nie einen Führerschein bekommen«, weil Sie mit Sicherheit wussten, sobald Sie das richtige Alter haben, können Sie einen beantragen, und sobald Sie die Prüfung bestanden hätten, wäre der Führerschein Ihrer. Das hing nicht davon ab, ob Sie reich und schön oder mit Jodie Foster befreundet sind. Sie konnten einen Führerschein bekommen, wenn Sie das richtige Alter hatten und die Prüfung bestanden. Punkt. Dennoch könnten Sie planen. Sie könnten Geld sparen für das erste Auto, Sie könnten darüber nachdenken, wie phantastisch es wäre, hinfahren zu können, wohin man hinwollte, ohne die Eltern bitten zu müssen. Sie könnten sich rechtzeitig die Theorieunterlagen besorgen und schon mal durchgehen und dann so früh wie möglich Fahrstunden nehmen.
Es ist ein Prozess. Ist er einfach? Nicht unbedingt – manchen mag das Einparken sehr leichtfallen, aber andere haben es vielleicht nötig, für die Prüfung einen Minirock anzuziehen (das meine ich nicht ganz ernst). Manche

müssen die Prüfung vielleicht wiederholen. Doch Tatsache ist, dass man den Führerschein bekommen kann, einfach indem man das erforderliche Alter hat und das tut, was vorgeschrieben ist, um sich dafür zu qualifizieren. Wenn Sie es schaffen, die Wünsche Ihres Herzens in einem ähnlichen Licht zu sehen, und einfach die Schritte unternehmen, die erforderlich sind, dann werden Sie Ihr Ziel früher oder später erreichen. *Das ist das ganze Geheimnis*. Sie werden das tun, haben oder sein, von dem Sie glauben, dass Sie es tun, haben oder sein können!

Wie können wir die Verbindung aufrechterhalten, wenn ein besonders geliebter Mensch hinübergegangen ist?

Leider nur zu oft wird in einer Ehe der eine Partner eine beträchtliche Zeit vor dem anderen hinübergehen. Viele Menschen denken, dass sie moralisch verpflichtet sind, von nun an allein zu bleiben, damit es nicht so aussieht, als ob sie den Verstorbenen nicht wirklich geliebt hätten. Aus dem Blickwinkel der Anderen Seite ist das wirklich Nonsens; und sehr häufig ist es genau diese Botschaft, die ich übermitteln soll. Diese Seite des Schleiers – die physische – ist die schwierige, die einsame Seite. Dafür brauchen wir so viel Hilfe, Liebe und Gesellschaft, wie wir nur bekommen können. Die geliebten Menschen, die hinübergegangen sind, wollen, dass wir glücklich sind. Das soll nicht heißen, dass jeder, der einen Ehepartner verliert, wieder heiraten wird. Aber bei vielen wird es so sein, und das ist genau das, was unsere verstorbenen Lieben uns wünschen. Ich kann Ihnen gar nicht sagen, wie oft ich Sitzungen abgehalten habe, in denen der Geist eines Ehepartners sich meldet und mich bittet, seiner Frau oder ihrem Ehemann zu sagen, dass sie wieder glücklich werden sollen. Und viele Male erzählen sie mir sogar, dass sie versucht haben, etwas zu arrangieren, was ihr lebender Ehepartner sabotiert hätte. Wenn wir glücklich sind, machen wir damit auch unsere verstorbenen Lieben glücklich. Falls Sie jemanden verloren haben, der Ihnen sehr wichtig war, dann sollten Sie unter allen Umständen offen dafür bleiben, ein neues Glück zu finden. Es ist wirklich genau das, was die Verstorbenen sich für uns wünschen.

Und das betrifft nicht nur Paare oder Ehepartner. Eine meiner Klientinnen zum Beispiel erzählte mir, dass sie häufig ihre Mutter sehe, seit diese hinübergegangen ist. In gewisser Weise machte sie das glücklich, doch oft auch sehr traurig. Die Mutter fehlte ihr, und sie konnte an nichts anderes denken, als dass sie mit ihr zusammen sein wollte. Das letzte Mal sah sie ihre Mutter, als sie auf einer Kreuzfahrt im Liegestuhl lag und diese direkt vor ihr vorüberging. Sie sprang auf und versuchte, ihr zu folgen, aber ihre Mutter verschwand, und seitdem hat sie sie nicht mehr gesehen.

Sie fragte mich: »Warum besucht mich meine Mutter nicht mehr?« Ich antwortete ihr, der Grund sei ihr Wunsch, der Mutter zu folgen. Das könne nicht das sein, was sich ihre Mutter für sie wünschte. Indem sie ihre Besuche beendete (oder vielmehr nicht mehr zuließ, dass

man sie sah), schnitt ihre Mutter buchstäblich die Nabelschnur zwischen dieser und der Anderen Seite durch. Inzwischen hat meine Klientin einen Freund – sie haben sich bei einem Blind Date kennengelernt –, und das Seltsame ist, dass ihr Freund sagt, er sehe manchmal ihre Mutter. Dabei hatte diese zu Lebzeiten jenen Freund nie kennengelernt. Meine Klientin fragte: »Wie kann das sein – mein Freund, der meine Mutter nicht einmal kannte, sieht sie und ich nicht?«
Ich habe das starke Gefühl, dass zwischen ihrem Freund und ihrer Mutter eine starke karmische Verbindung besteht. Sehr wahrscheinlich hat diese auch das Treffen zwischen ihr und dem Freund arrangiert. Es war kein Zufall. Und er kann ihre Mutter sehen, weil er trotz dieser Verbindung zur Mutter nicht den Wunsch hat, auf der Anderen Seite zu sein. Die Toten wollen, dass wir *hier* glücklich sind.

Sie sagen, die Toten wollen, dass wir glücklich sind. Was aber ist, wenn ich meinen Kummer einfach nicht überwinden kann?

Diese Frage wurde mir schon sehr oft gestellt: »Ich bin so traurig, ich bin so deprimiert. Warum besucht mich der geliebte Mensch nicht?« Es gibt nicht nur einen Weg, den Schmerz eines bedeutenden Verlustes zu verarbeiten. Wir alle sind verschieden, und unsere Beziehungen sind unterschiedlich, auch wenn wir alle Menschen sind und größtenteils dieselben Gefühle haben. Manche scheinen einfach ein großes Maß an innerer Stärke zu haben, andere weniger. Ich weiß, selbst wenn wir zutiefst daran glauben, dass unsere Seelen auf der Anderen Seite weiterleben, fühlen wir dennoch eine grenzenlose Traurigkeit, wenn jemand, den wir so innig lieben, vor uns hinübergeht. Wir sind so daran gewöhnt, den geliebten Menschen sehen zu können, seine Gegenwart zu spüren, das Telefon in die Hand zu nehmen und mit ihm zu sprechen. Es ist einfach nicht mehr dasselbe. Doch manche Menschen schaffen es, ihre Trauer zu überwinden oder in ihrem Verlust einen Sinn zu sehen, und gehen vorwärts, gestalten die Zukunft mit Stärke und sogar mit Freude. Nicht jeder schafft das so ohne weiteres. Viele Menschen haben große Schwierigkeiten, ihren Verlust zu überwinden, doch wie es auch immer sei, keinem bleibt etwas anderes übrig.

Können Sie uns Ratschläge geben, wie man das meistert?

Als Erstes dürfen Sie nicht vergessen: Falls Sie denken: »Es ist so schwer«, müssen Sie Ihre Gedanken modifizieren. Wenn wir uns vorsagen, wie schwer etwas ist, dann gewinnen die Worte Macht und verstärken diese Überzeugung, die uns nur davon abhält, in der Gegenwart zu leben. Die Vorstellung, dass wir in unserem Kummer gefangen sind, wird zu einer Gewohnheit wie das Zähneputzen – wir haben uns daran gewöhnt, es zu tun, und so tun wir es jeden Tag. Sie dürfen Kummer nicht zu einer Gewohnheit werden lassen. Es gibt keine Wunderheilung, Sie müssen daran arbeiten. Sie können jenen Menschen nicht zurückbekommen. Sie müssen weiterhin auf dieser Welt Ihr Glück suchen, und dem geliebten Verstorbenen können Sie sich in der nächsten Welt wieder anschließen.

Versuchen Sie jeden Tag, sich auf die einfachen, kleinen Angelegenheiten zu konzentrieren. Versuchen Sie am Anfang nicht, zu viel auf einmal zu machen, aber stellen Sie sicher, dass Sie etwas tun – steigen Sie aus dem Bett oder erheben Sie sich vom Sofa, falls Sie sich angewöhnt haben, dem Kummer so rückhaltlos nachzugeben, dass Sie nicht einmal mehr aufstehen wollen. Erlauben Sie sich, zu lachen – über sich, mit anderen –, das wird Ihnen die Last erleichtern. Und vergessen Sie nicht die Macht der Worte. Wenn Sie sich sagen, dass Sie das alles nicht können, dann ist es automatisch wahr. Sie werden dazu nicht in der Lage sein. Sie müssen sich sagen, *dass Sie es können, dass Sie es wollen*. Dann wird das wahr sein: Sie können und Sie wollen.

Viele Menschen haben eine sehr unzureichende Vorstellung davon, was unsere Aufgabe auf Erden ist, doch ich kann Ihnen eins versprechen: Sich in endlosem und kräfteraubendem Kummer zu verzehren gehört nicht dazu. Und solange wir uns nicht aus dieser Seelenlage herausreißen, können wir auch nicht einen Fuß vor den anderen setzen auf der Straße unserer aufregenden Lebensreise.

Sie müssen erkennen, dass alles von Ihrem freien Willen abhängt. Wenn Sie weiterhin im Kummer versinken, dann haben Sie sich das ausgewählt. Möglicherweise haben wir einen »Grund« für die Wahl, die wir treffen. Beispielsweise denken wir vielleicht, wenn wir uns erlaubten, Frieden oder Freude zu finden, dann senden wir den geliebten Verstorbenen die Botschaft, dass sie uns gleichgültig sind. Oder, was noch schlimmer wäre, dass Sie uns vielleicht niemals etwas bedeutet hätten. Wir fühlen uns schuldig. Glauben Sie mir, auf der Anderen Seite wissen sie alles. Sie wissen, dass sie Ihnen wichtig sind, sie wissen, dass Sie in Ihrem Herzen nie aufhören werden, sie zu lieben. Doch Ihr Augenmerk sollte, solange wir noch hier sind, auf diese und nicht auf die Andere Seite gerichtet sein. Es ist nicht vorgesehen, dass wir unseren Kummer zur Gewohnheit machen, uns bequem in unserem Leid einrichten. Wir müssen uns dafür *entscheiden*, an den geliebten Menschen mit einem Lächeln im Herzen und auf unserem Gesicht zu denken. Machen Sie einen Schritt nach dem anderen.

Wenn es Ihnen schwerfällt, daran zu glauben, dass Sie Ihre Trauer je überwinden könnten, dann entscheiden Sie sich wenigstens dafür, nicht zu jammern und zu klagen. Damit machen Sie nur die anderen Menschen in Ihrem Umfeld unglücklich. Treffen Sie die Wahl, sich nicht schuldig zu fühlen, wenn Sie lächeln. Sie werden überrascht sein, wohin diese kleinen Schritte Sie mit der Zeit bringen werden.

Kann mir die Andere Seite nicht dabei helfen, meine Trauer zu überwinden?

Ehrlich gesagt: Solange Sie noch so tief unglücklich sind, werden die Verstorbenen ganz bewusst eine Trennung zwischen hier und ihnen auf der Anderen Seite schaffen. Sie können nicht kommen, wenn wir traurig sind. Denn sie wissen, dass wir Gefahr laufen, uns dorthin zu wünschen, während es noch unsere Aufgabe ist, hier zu sein. Dazu möchten sie uns nicht ermutigen – das widerspricht den Plänen, die immer noch für uns gelten, dem Seelenabkommen, das wir geschlossen haben, bevor wir hierherkamen. Denken Sie an Anna Nicole Smith – ständig wiederholte sie: »Ich möchte bei Daniel sein.« Sie vermisste ihren Sohn so verzweifelt, dass sie sich buchstäblich auf die Andere Seite wünschte. Ich sage das, ohne es zu bewerten, denn es steht mir nicht zu, ein Urteil zu fällen, und ich kann ihre Situation nicht beurteilen. Doch auf diese Weise die Welt zu verlassen ist, als ob man aufgibt, ohne das zu beenden, wofür man hierhergekommen ist. Das hat ihr Sohn nicht gewollt. Er hatte sein Karma, sie hatte ihr eigenes. Die von uns geliebten Menschen, die hinübergegangen sind, wünschen sich wirklich, mit uns zusammen zu sein (und in Wirklichkeit *sind* sie auch bei uns, immer). Aber sie haben für dieses Mal ihre eigene Lektion auf der Erde vollendet. Wir müssen unsere noch bewältigen, sie können uns das nicht abnehmen. Wenn wir eine freudvolle Verbindung mit ihnen wiederherstellen wollen, dann müssen wir uns darum bemühen.

Wenn Menschen Selbstmord begehen, um mit einer bestimmten Person zusammen zu sein, die ihnen fehlt, werden sie dieser Person dann tatsächlich begegnen, oder haben sie ihr Leben vergebens beendet?

Wenn sich jemand für den Freitod entscheidet, dann ist die Frage weniger, ob er sein Leben vergebens beendet hat, sondern eher, ob er es vergebens gelebt hat. Ehrlich gesagt, kann ich mir keine Situation vorstellen, in der Selbstmord die passende Antwort wäre. Das wollte ich zu diesem Thema vorausschicken.

Die Frage wurde mir von einer Leserin gestellt, deren Freund im Teenageralter mit seiner verstorbenen Mutter zusammen sein wollte und sich erschoss. Ja, ich glaube, dass dieser Junge mit seiner Mutter zusammen ist. Gott ist so groß und gut. Und obwohl die Handlung sicher dem von dieser Seele geschlossenen Abkommen darüber, was es im Leben zu erreichen versuchen will, widerspricht und obwohl der Junge mit der Beendigung seines Lebens das kostbarste aller Geschenke Gott ins Gesicht geschleudert hat, vergibt Gott. Doch diese Person wird lernen müssen, wie sie sich selbst dafür vergeben kann, dass sie das Geschenk zerstörte, das man ihr gemacht hat. Es ist wirklich nicht leicht. In unserem Schmerz und unserer Einsamkeit machen wir manchmal schreckliche Sachen, von denen wir hoffen, dass sie uns Erleichterung bringen. Wir haben einen freien Willen, auch dabei. Doch damit ist die Geschichte nicht zu Ende. Es geht um Heilung, die erforderlich ist, und um Karma, das ausgeglichen werden muss.

Kann mir ein Medium in der Trauer um einen geliebten Menschen helfen?

Manche Leute stellen sich fälschlicherweise vor, dass ich sie heilen kann, wenn sie in Trauer sind. Ehrlich gesagt, ist das nicht meine Aufgabe. Es ist vielleicht nicht das beste Beispiel, aber ich könnte es mit einem Scheidungsanwalt vergleichen. Manche seiner Mandanten brauchen Beratung, aber seine Aufgabe ist es lediglich, ihre Besitztümer aufzuteilen, nicht die Scheidungsparteien zu versöhnen. Ich bin kein Therapeut. Mein Herz würde am liebsten helfen, aber meine Fähigkeiten liegen auf einem anderen Gebiet. Jeder Rat, den Sie von mir bekommen, ist von derselben Art, wie Sie ihn von einem Freund bekommen, er gründet sich auf meine persönlichen Lebenserfahrungen oder auf Informationen, die mir die Andere Seite mitgeteilt hat. Abgesehen davon »berichte« ich nur, überbringe Botschaften von Verstorbenen.

Es kommt häufig vor, dass Menschen, die mich konsultieren, Heilung nötig haben. Die Erleichterung, die ihnen eine Botschaft von dem geliebten Menschen bringt, wird nur vorübergehend sein. Sie wollen sofort den nächsten Termin ausmachen – auch wenn er in noch so weiter Ferne liegt –, und immer wieder rufen sie an und fragen nach, ob sich eine Lücke ergeben hat und sie vorgezogen werden könnten. Sie wollen ständig an die Quelle zurück, doch in der Quelle gibt es nur eines – die Wahrheit, dass der Verschiedene immer noch bei ihnen ist. Den meisten genügt es, dies zu wissen, aber manche sind vom Tod eines geliebten Menschen so erschüttert, dass sie einfach nicht darüber hinwegkommen können. Sie machen den Schmerz zu ihrer Aufgabe, zerstören durch die Unfähigkeit, ihre Trauer zu überwinden, alle Beziehungen, die sie haben. Eine Sitzung wird solche Leute nicht heilen können. Sie brauchen nicht mich, sondern jemand anderen.

Ich möchte meinen »Job« nicht mit anderen Aufgaben vermischen und Gefahr laufen, falsche Informationen zu geben. Wenn die Menschen geheilt werden, nachdem sie bei mir gewesen sind, dann liegt das daran, dass sie die Wahrheit erfahren haben. Die Wahrheit ist es, die sie befreit – ich bin nur die Übermittlerin. Das vorausgeschickt, kann ich eine Empfehlung geben, die ich für sehr wirkungsvoll halte und die bei mir funktioniert hat. Versuchen Sie, zu visualisieren, dass der Mensch, den Sie verloren haben, immer neben Ihnen sitzt, neben Ihnen geht, immer an Ihrer Seite ist. Visualisieren Sie, dass dieser Mensch noch immer hier ist, Sie ermutigt, Ihre Aufgabe auf Erden zu erfüllen. Stellen Sie sich diesen Menschen als zusätzlichen Schutzengel vor, der Ihnen *hilft*, Ihre Aufgabe zu bewältigen. Schließlich und endlich ist dies die absolute Wahrheit.

Ist »das Böse« real? Wenn ja, wissen Sie, warum es existiert?

Ich glaube, eigentlich weiß ich, dass es das Böse wirklich gibt. Die Menschen sind immer überrascht, dass ein so allumfassend liebender Gott die Existenz des Bösen zulässt; sie können es einfach nicht verstehen. Doch so furchtbar das Böse auch sein mag … Und es gibt nichts Schlimmeres auf der Welt; wie könnte es auch? Es ist der Kern von allem, was verletzend und verabscheuungswürdig ist … Das Böse dient einem Ziel. Ohne das Böse würden wir nie herausgefordert werden, und ohne Herausforderungen würden wir niemals kämpfen, lernen, wachsen und uns weiterentwickeln. Es ist die Funktion des Bösen, unseren Geist und unser Herz zu verwirren, uns glauben zu machen, wir seien schwach oder eingeschränkt. Das ist das Gegenteil der Wahrheit, aber genau das sollen wir lernen und durch unsere Erfahrungen überwinden.

Ich habe einen Lieblingsanhänger, den mir Freunde in Mexiko geschenkt haben. Er ist aus vierzehnkarätigem Gold und hat auf der einen Seite ein Bild von Papst Paul, auf der anderen ein Bild des heiligen Juan Diego. Er hängt an einer Goldkette mit einem sicheren Karabinerverschluss, und ich trage ihn seit vier oder fünf Jahren als schützenden Talisman auf Reisen. John und ich verreisen sehr gern, und am liebsten besuche ich historische Stätten; denn ich höre mir dann die Geschichten der Geistwesen an, die sich an solchen Orten aufhalten, aus welchem Grund auch immer. Es ist wirklich faszinierend –

ich lege großen Wert darauf, mich mit der offiziellen Version der Geschichte dieser Orte vertraut zu machen, aber ich bekomme auch einiges an »Insider«-Geschichten zu hören, die den anderen entgehen. Es sind nicht immer schöne Sachen, aber ich möchte es eben wissen.
Voriges Jahr reiste ich mit John nach Deutschland, und wir beschlossen, Dachau zu besuchen. Meine Gefühle diesbezüglich waren sehr zwiespältig, weil ich überzeugt bin, dass ich in einem vergangenen Leben in einem dieser Konzentrationslager gestorben bin. Aber sobald wir aus dem Auto ausgestiegen waren, wurden meine Gefühle klarer. Ich zitterte und zitterte und konnte nicht damit aufhören. John sagte: »Du weißt, wir müssen dort nicht reingehen.« Doch wir waren bereits da, und ich hatte das Gefühl, ich müsste es einfach tun. John hielt sich dicht neben mir – so in Panik war ich. In dem Moment, als wir vor dem Eingang zu diesem Ort ankamen, fühlte ich, dass meine Halskette heruntergliitt und direkt auf die Schwelle des Eingangs fiel, und ich hörte eine Stimme, die zu mir sagte: »Heb sie auf und halt sie in der Hand, Concetta. Du betrittst einen Ort des Bösen.«
Ich muss Ihnen sagen, dass die Energie an diesem Ort fast unerträglich war. Man kann buchstäblich fühlen, wie das Böse in den Wänden eingeschlossen ist. Dabei möchte ich klarstellen, dass die Geister dort nicht die der Opfer sind. Diese sind weggezogen und an einem schöneren Ort, aber die Mörder sind hier immer noch eingesperrt.
Es liegt an jedem von uns, das Böse aus unserem Leben zu vertreiben, indem wir uns dem Gegenteil widmen: der Liebe.

Was passiert mit all der Negativität oder dem Bösen, wenn ein Mensch stirbt, der grausam oder gemein ist oder anderen geschadet hat?

Schlechte Energie wird »entschärft« oder neutralisiert und aufgelöst, wenn solche Menschen in Geistgestalt in Gottes Licht treten. (Ich rede hier nur über Menschen, die gemein waren – nicht über jemanden, der einen Mord begangen hat. Mörder bekommen gar keinen Zutritt.) Doch da ist dennoch eine karmische Schuld zu bezahlen an jene, die sie verletzt haben. Manchmal können sie auf der Anderen Seite schon damit anfangen, indem sie versuchen, jenen zu helfen, die sie verletzt haben. Vorausgesetzt, die betreffenden Menschen sind noch auf dieser Seite des Schleiers. Im anderen Fall ist das so wie mit jedem Karma, es ist eine Bürde, die sie in ihr nächstes Leben auf Erden mitnehmen werden.

Wenn uns jemand in der Kindheit verletzt hat, beispielsweise indem wir als Kinder missbraucht wurden, kann seine negative Energie uns auch dann noch beeinflussen, wenn er tot ist?

Das hängt vom Einzelnen ab. Bei allem, was uns widerfährt, liegt es an uns, ob wir dem Geschehenen Macht verleihen oder nicht. Sobald der Misshandler oder Kinderschänder auf die Andere Seite geht, dann ist seine Negativität aufgelöst. Der Mensch, der hier zurückbleibt, steht vor der Herausforderung, wie er mit den Nachwirkungen umgehen will. Wir können unsere frühen traurigen oder negativen Erfahrungen einsetzen, um stärker zu werden oder uns davon schwächen zu lassen. Wir können uns dafür entscheiden, etwas Gutes zu tun und anderen zu helfen. Niemand behauptet, es sei leicht, den Schmerz loszulassen oder in etwas anderes zu verwandeln. Manche brauchen viele Jahre, um das zu verarbeiten, oder eine Therapie. Andere schaffen es vielleicht, sich schneller von Ereignissen in ihrer Kindheit zu distanzieren, über die sie seinerzeit keine Kontrolle hatten.

Eins darf man dabei nie vergessen: Wenn jemandem so etwas aus karmischen Gründen zustößt (beispielsweise musste meine Mutter in dem Waisenhaus, in dem sie aufwuchs, schreckliche Misshandlungen über sich ergehen lassen), dann ist das »erledigt«. Es gehört nicht mehr zu den Betreffenden. Was ihnen aber gehört, ist der Rest ihres Lebens und wie sie es nutzen.

Wenn uns jemand viel Geld gestohlen oder uns bei Geschäften betrogen hat, was geschieht mit der Schuld? Bekommen wir sie im nächsten Leben zurückbezahlt?

Wenn der Mensch (oder die Leute), die von diesen negativen Aktionen betroffen waren, immer noch hier sind, dann müssen sie ihr Bestes geben, die Wut loszuwerden, sie loszulassen und einfach weiterzumachen, ohne dem Verlust hinterherzujammern. Sobald die Person auf der Anderen Seite begreift, wie verletzend ihr Verbrechen war – und zwar sowohl dem gegenüber, den sie bestohlen hat, als auch sich selbst gegenüber (denn jetzt hat sie zusätzliche karmische Schuld auf sich geladen) –, wird sie versuchen, dem Opfer Gutes zukommen zu lassen.

Heißt dies, dass Sie mit der Post einen Scheck über genau diese Summe bekommen werden? Nun, das ist zwar nicht völlig unmöglich, doch wird es viel wahrscheinlicher sein, dass Sie auf andere Weise »entschädigt« werden. Wenn Sie auf dieser Seite Ihren Part erfüllen, die Wut loslassen, sich vorwärtsbewegen, dann ist die Voraussetzung dafür geschaffen, dass die Wohltaten bei Ihnen ankommen. Diese andere Person weiß, was sie getan hat, sie weiß, dass sie Ihnen etwas schuldig ist. Was Sie unbedingt vermeiden sollten, ist, eine Mauer der Negativität zu errichten, die verhindert, dass diese Segnungen Sie erreichen können. Nur allzu oft ist es der Fall, dass wir darin baden, sobald uns etwas Übles widerfährt. Und wenn wir auf das Üble konzentriert sind, dann kann uns das Gute nicht erreichen.

Gibt es abgesehen vom Töten, Misshandeln oder dem Zufügen irgendeiner Art physischen oder emotionalen Schadens noch etwas anderes, von dem die Andere Seite sagt, es würde das schlechte Karma unserer Seele vergrößern?

Es freut mich sehr, dass Sie diese Frage gestellt haben, denn ich kenne die Antwort ganz genau. In meinen Sitzungen taucht das stets wieder auf: Gier.

Immer wieder ist es das, was ansonsten glückliche Familien auseinanderreißt, sie ist so verbreitet und so ansteckend: die Gier. Ich finde es erstaunlich. Alles ist in schönster Ordnung – die Familie steht sich nahe, alle gehen liebevoll miteinander um und kümmern sich umeinander –, bis einer hinübergeht. Dann bricht die Hölle los. Was die Menschen nicht alles tun wegen Geld und Besitztümern! Sie verhalten sich hinterhältig und selbstgerecht, und es ist ansteckend. Sobald der Erste damit anfängt, denken die anderen: »Nun, wenn ich jetzt nicht nach dem greife, was mir zusteht, werden die anderen alles nehmen«, und dann verhalten sie sich genauso schlimm. Selbst wenn ein Testament existiert, gibt es immer Leute, die einen Weg finden, die Sache zu ihrem Vorteil zu verdrehen. Zumindest sind sie davon überzeugt; sie verhalten sich, als wenn es außer dem Hier und Jetzt nichts gäbe. Aber sie begreifen nicht, dass sie Karma auf sich laden.

Die Großmutter einer lieben Freundin war gestorben und hinterließ ihren beiden Töchtern (der Mutter und der Tante meiner Freundin) Geld, damit sie ein Strandhaus kaufen konnten. Der Ehemann der Tante brauchte für irgendetwas Geld, und sie überredete die Mutter meiner Freundin, ihren Anteil dem Ehemann auszuleihen. Als er aus seiner Notlage wieder heraus war, gab er das Geld aber nicht der Mutter meiner Freundin zurück, sondern sie kauften das Strandhaus – doch dabei erklärten sie, dass die Mutter meiner Freundin nur ein Drittel davon bekäme, während ihrer Schwester und deren Ehemann *jedem* ein Drittel zustünde! Das ist absolut nicht das, was die Großmutter wollte; der Mann der Schwester war im Testament nicht einmal erwähnt – sie hatte das Geld ihren beiden Mädchen hinterlassen. Das ist einfach nur dumm, gierig und gemein – ein tolles Dankeschön dafür, dass die Mutter meiner Freundin ihnen geholfen hatte! Doch wenn sie von Gier besessen sind, dann fällt den Leuten immer eine Rechtfertigung für ihre Handlungen ein, ob es sich nun um Geld handelt, um ein Schmuckstück oder einen Schaukelstuhl, der seit Generationen in der Familie ist. Es bricht mir das Herz, wenn ich solche Geschichten höre. Wegen irgendeiner Lächerlichkeit wird die Beziehung nie wieder so sein, wie sie war. Und die gierige Person wird das nächste Mal mit einer großen karmischen Schuld antreten müssen. Sie riskiert, wenig oder gar nichts zu haben, wenn sie zurückkommt.

Natürlich führt sich nicht jede Familie so auf. In meinen Sitzungen bekomme ich auch zu hören, wie froh Geistwesen sind, dass ihre Nachkommen das Richtige getan haben mit ihrem Hab und Gut, was für ein gutes Gefühl es ihnen gibt, zu sehen, dass keiner wegen des hinterlassenen Geldes oder des Besitzes den Verstand verloren hat. Denn, vergessen Sie nicht, sie sind immer noch bei uns, und sie sehen genau, wie wir uns angesichts ihrer Hinterlassenschaft verhalten. Die Andere Seite möchte uns daran erinnern: *Gier gewinnt letztlich nie*. Sie schaden sich auf dieser Seite, indem Sie kaputte Beziehungen haben, und auf der Anderen Seite mit einer großen karmischen Schuld.

Es geht mir nicht darum, Ihnen vor Ihrem Karma Angst zu machen, damit Sie schließlich alles verschenken. Ich rede nur darüber, anderen nicht das wegzunehmen, was ihnen zusteht; nicht zu fordern oder zu manipulieren, damit man mehr bekommt, als einem gebührt. Sie müssen nur das Gleichgewicht aufrechterhalten. Wir alle wissen, was ein bisschen Großzügigkeit erreicht – es zaubert ein Lächeln auf Ihr Gesicht und das eines anderen.

Wenn wir jemandem Leid zugefügt oder ihn verletzt haben, er aber bereits auf die Andere Seite hinübergegangen ist, wie können wir dann Vergebung erlangen?

Ich bin überzeugt davon, dass es für die Seele gut ist, eine von Herzen kommende, aufrichtige Bitte um Vergebung zu sprechen. Doch selbst wenn das unterbleibt, auf der Anderen Seite ist alles vergeben. Sobald wir hinübergehen, haben wir vollkommenes und reines Verständnis – der Gründe, warum jene in unserem Leben sich genau so und nicht anders verhalten haben, genau das und nichts anderes gesagt haben, selbst genau das glaubten und nichts anderes. Es gibt nichts, was sie nicht verstehen, und sobald sie verstehen, dann gibt es nichts, was sie nicht vergeben könnten. Häufig sind die Angelegenheiten, derentwegen wir uns am meisten schuldig fühlen, ziemlich unbedeutend im Vergleich mit dem großen Ganzen. Hier machen wir uns über so viele Nichtigkeiten Sorgen. Aber selbst manche Vergehen, die uns riesengroß vorkommen, werden vollständig vergeben.

Ich hatte einmal eine Klientin, die außer sich vor Sorge und Schuldgefühlen war. Sie erzählte: »Ich trage diese Schuld seit acht Jahren. Meine Mutter hatte solche Schmerzen, bevor sie starb. In der Schlussphase ihrer Krankheit dauerte es drei Wochen, bis sie hinüberging. Jedes Mal, wenn ich sie im Krankenhaus besuchte, bettelte sie mich an, ihr Tabletten zu besorgen, damit sie ihr Leben beenden konnte. Ich war so zerrissen. Einerseits quälte es auch mich, sie so leiden zu sehen, andererseits brachte ich es einfach nicht übers Herz, das zu tun, worum sie bat. Ich konnte es nicht. Ich habe Schuldgefühle, weil sie wegen meiner Schwäche so unnötig lange leiden musste. Und ich habe Angst, sie könnte wütend auf mich sein, weil ich mich nicht überwinden konnte, ihr die Hilfe zu geben, um die sie gebeten hatte.«

Es war eine sehr schwere Last, die diese Frau tragen musste! Das ist keine Kleinigkeit. Doch auf der Anderen Seite versteht ihre Mutter das. Vollkommen. Nicht einen Moment lang denkt sie, dass ihre Tochter ihr aus mangelnder Liebe nicht geholfen hätte. Was sie betrifft, wurde ihrer Tochter nicht nur vergeben, es war nichts zu vergeben.

Können Sie beschreiben, was für ein Gefühl das ist, wenn man aus dem Körper steigt?

Es ist einfach unglaublich! Man fühlt sich leicht und prickelnd – man ist leichter, schneller als ein Vogel. Man kann durch Wände oder geschlossene Türen gehen. Es ist mit nichts zu vergleichen, was wir in körperlicher Gestalt erfahren können. Weder steht man, noch liegt oder sitzt man. Ich könnte nicht einmal beschreiben, welche Stellung man dabei einnimmt, denn ohne Körper gibt es auch keine Haltung. Man ist nichts als reine Energie. Man kann alles, was einen umgibt, sofort sehen, in allen Richtungen gleichzeitig.

Meine Mutter ist im Waisenhaus aufgewachsen, einer furchtbaren Anstalt. Sie wurde brutal geschlagen, es gab weder etwas Vernünftiges zu essen noch eine medizinische Versorgung. Man schickte sie nach draußen zum Arbeiten, sie musste auf Kinder aufpassen, putzen und Ähnliches. Als mein Vater und sie heirateten, bestand er darauf, ihr ein Auto zu kaufen, obwohl sie keinen Führerschein hatte. Er sagte ihr, sie müsse das Autofahren unbedingt lernen: »Zum ersten Mal in deinem Leben wirst du dich wirklich frei fühlen.« Meine Mutter erzählte mir, dass er recht gehabt hatte. Sie schwärmte: »Ich kam damit überall hin, wohin und wann ich wollte. Diese Schweine hatten keine Macht mehr über mich.« Autofahren gleicht wirklich dem Zustand, wenn man in energetischer Gestalt ist – obschon man das Lenkrad betätigen muss, es ist nicht anstrengend. In gewisser Weise haben Autos die Menschen auf die nächste Ebene gebracht, sie eröffnen uns die Möglichkeit, schon auf Erden einen Vorgeschmack davon zu bekommen, wie es sein wird, wenn wir unsere Körper verlassen haben. Ich bin wirklich überzeugt: Der Grund dafür, dass so viele Menschen gern Auto fahren, liegt darin, dass es auf physischer Ebene dem Erlebnis, in geistiger Gestalt zu sein, am nächsten kommt.

Können Sie ein Erlebnis, außerhalb Ihres Körpers zu sein, einmal beschreiben?

Da fällt mir eine Situation ein, als ich eines Nachts im Schlafzimmer war. Ich schlafe nicht sehr gut, wenn die Alarmanlage nicht eingeschaltet ist. Denn ich werde ständig von Toten geweckt, und manchmal bin ich einfach nicht ganz sicher, ob ein Geist in meinem Zimmer ist oder ein Einbrecher, der mich gleich fesseln und meine Lieblingsklunker stehlen wird. Auf jeden Fall wachte ich auf und stellte fest, dass ich in energetischer Gestalt war. In Energieform muss ich nur den Gedanken haben, dass ich an einem bestimmten Ort sein will, und schon bin ich da. Häufig entschließe ich mich, jemanden zu besuchen, den ich kenne, so dass ich später bestätigen kann, dass ich außerhalb meines Körpers war, indem ich frage: »Hattest du gestern Nacht das lange weiße Nachthemd mit den grünen Streifen an, das du in der Hüfte gerafft hast, um dir die Zehennägel zu schneiden, neben dir eine Tüte

Chips und ein Glas Wein?« (Das ist nur ein Scherz. Aber ich besuche Freunde gern auf diesem Weg.)
Doch dieses Mal dachte ich nur: »Ich möchte ins Treppenhaus.« Das war ein bisschen ungewöhnlich, denn meistens gehe ich zum Fenster hinaus. Im Flur ist die Wahrscheinlichkeit hoch, dass ich Geister treffe, die sich dort versammelt haben. Entweder um mit einem geliebten Menschen Kontakt aufzunehmen, der vielleicht am nächsten Tag einen Termin bei mir hat, oder weil sie noch von früheren Terminen dort anwesend sind. Ich begegne ihnen nicht besonders gern, wenn ich in diesem Zustand bin. Doch dieses Mal schwebte ich einfach in das Treppenhaus. Dabei war ich mir schwach bewusst, dass mich die Möglichkeit beunruhigte, die Alarmanlage auszulösen, aber natürlich geschah das nicht. Ich fand das einfach toll, wie die Geistwesen konnte ich unbemerkt kommen und gehen.

Sind Astralreisen nur bei Nacht möglich?

Die Tageszeit spielt keine große Rolle. Wichtig ist, dass Sie sich in einem äußerst entspannten Zustand befinden. Einmal war ich zu Hause, es muss Mittag oder früher Nachmittag gewesen sein. Ich hatte mir einen großartigen Film auf DVD angesehen und war anscheinend ziemlich müde, denn ich schlief mitten am Tag ein. An einem Punkt tauchte ich teilweise aus meinem Schlafzustand auf und wurde mir des prickelnden Gefühls be-

wusst. Ich beschloss, in diesem Zustand einen Ausflug zu machen.
Ich drehte mich um, so dass ich flach auf dem Rücken lag, weil es in dieser Position für mich am einfachsten ist, meinen Körper zu verlassen. Alles, was ich tat, war von meinen Gedanken gelenkt. Zuerst dachte ich: »Ich möchte mein Gesicht sehen können, ich möchte wissen, wie ich aussehe, wenn ich das tue.« Und so schaute ich einfach von dort, wo ich war, nach unten und machte genau das. Dann dachte ich: »Ich möchte durch den Flur hinausgehen.« (Hier meine ich den Flur im Erdgeschoss – das ist nicht der, in dem die Toten meist sind.) Dann: »Ich möchte über die Bäume hinausgehen.« Und jedes Mal, wenn ich etwas dachte, konnte ich das auch tun. Dann dachte ich: »Ich möchte zu Johns Arbeitsstelle.« Aber aus irgendeinem Grund konnte ich mich nicht dazu bewegen, dorthin zu gehen. Das war mir unerklärlich, denn bis zu diesem Moment hatte ich immer bestimmen können, was ich tun wollte. Auf jeden Fall schwebte ich eine Weile über den Bäumen.
Dann dachte ich an meinen Bruder und fragte: »Harold, bist du da?« Und ich hörte ihn antworten: »Ja, ich bin hier.« Ich sah sein Gesicht, weit entfernt von der Stelle, wo ich war. Es kam langsam auf mich zu, doch dann wurde er plötzlich ganz schnell – mir kam es wie Lichtgeschwindigkeit vor! –, und sein Gesicht war von einem Moment zum anderen nur noch wenige Zentimeter vor meinem! Das hat mich so erschreckt, dass es mich augenblicklich in meinen physischen Körper katapultierte. Es tat mir leid, dass ich so reagiert hatte – wissen Sie, auch wenn ich daran gewöhnt bin, außerhalb meines

Körpers zu sein und diese Art der Erfahrungen zu haben, reagiere ich immer noch wie ein Mensch. Später habe ich verstanden: Er wollte mir beibringen, dass unsere Handlungen in Geistgestalt so schnell ablaufen, wie wir sie denken.

Welche Astralreise war Ihre weiteste?

Ich habe die Erfahrung viele Male gemacht, meinen Körper zu verlassen und in Energieform zu reisen; und diese Astralreisen laufen nicht unbedingt kontrolliert ab, so dass ich nicht immer weiß, wohin mich der Weg führt. Einer meiner Lieblingsausflüge fand statt, kurz bevor John und ich eine Reise nach Deutschland machten. Dort waren wir noch nie gewesen, und wir freuten uns wirklich sehr darauf. Ich lag im Bett und träumte, dass ich über einer sehr großen Wasserfläche schwebte. Doch dann begriff ich plötzlich, dass ich gar nicht träumte. Ich war außerhalb meines Körpers, in Energieform – diese Erfahrung unterscheidet sich gravierend vom Träumen. Aber da ich gerade geschlafen hatte, brauchte ich einen Moment, bis ich verstand, was da vor sich ging. Ich reiste mit sehr hoher Geschwindigkeit parallel zum Wasser und nur Zentimeter von der Oberfläche entfernt.

Ich stöhnte: »O nein! Wasser!« Jemand war bei mir (ich weiß nicht, wer) und sagte: »Concetta, du brauchst keine Angst zu haben, es ist nicht das Meer.« Ich habe Angst vor dem Meer. Keine Ahnung, warum – vielleicht hat es mit einem meiner früheren Leben zu tun. Mein Begleiter deutete irgendwohin, und ich schaute auf und sah, dass am Wasser eine Straße entlangführte. Da wusste ich, es handelte sich um einen Fluss. Dann schaute ich nach rechts und erblickte ein Dorf, dessen Häuser einen völlig anderen Stil aufwiesen als alle Häuser, die ich bisher gesehen hatte. Es war aus dem achtzehnten Jahrhundert.

Als ich so dahinschwebte und all das aufnahm, dachte ich: »Wie gern würde ich mir das mit John anschauen.« Und mein Begleiter versprach mir: »Wir werden dich dorthin zurückbringen.« Ich hatte keine Ahnung, was das bedeuten sollte.

Drei Wochen später flog ich mit John nach Frankfurt als Startpunkt für unseren Deutschlandurlaub. Wir wollten so viel wie möglich von dem Land kennenlernen, hatten aber keine feste Reiseplanung. Wir mieteten uns ein Auto, John suchte die Route aus, und dann ging's los. Nach einer Woche fuhren wir auf einer Straße, die am Rhein entlangführte – dieser Fluss ist gewaltig! Plötzlich erkannte ich die Gegend – es war genau dieselbe, die ich vor ein paar Wochen gesehen hatte, als ich auf meiner Astralreise war. Nun sah ich die wunderbaren Schlossruinen, zerfallende Mauern, die aus dem Boden ragten, andere wiederum in besserem Zustand, verstreut zwischen Dörfern, die genauso aussahen wie das, was ich gesehen hatte. Wer auch immer mir versprochen hatte: »Wir werden dich dorthin zurückbringen«, hatte Wort gehalten.

Kann jeder auf Astralreise gehen?

Ja, ich bin überzeugt, das kann jeder. Vielleicht nicht »nach Belieben«, doch unter bestimmten Umständen. Die meisten Menschen haben schon mal die Erfahrung gemacht, dass sie sich im Halbschlaf bewegen wollten, und es ging einfach nicht, als wäre man gelähmt. Oder man möchte schreien, aber es kommt kein Ton heraus oder höchstens ein leises Krächzen. Das liegt daran, dass die Seele außerhalb des Körpers war und sich noch nicht wieder vollständig mit ihm vereinigt hat. Folglich erreicht die mentale Anweisung, sich zu bewegen, noch nicht die physischen Gliedmaßen, obwohl Ihr Unterbewusstsein versucht, diese in Bewegung zu setzen.
In diesem Moment werden viele Panik bekommen und versuchen, den Körper zur Reaktion zu zwingen, und schließlich tut er das auch. Wenn Sie allerdings außerhalb des Körpers reisen wollen, dann ist es genau jener Augenblick, in dem Sie sich nur entspannen müssen. Und statt den *Körper* dazu zu zwingen, dass er sich bewegt, müssen Sie sich ganz bewusst vorsagen, dass Sie aus dem Körper steigen wollen. Sie werden es spüren, und Sie werden sehen, wie Sie sich aus Ihrem Körper erheben. Sie brauchen sich keine Sorgen zu machen, ob Sie wieder zurückkönnen – wir bleiben mit unserem Körper durch eine Art »Energie-Nabelschnur« verbunden, so wie ein Astronaut mit seinem Fahrzeug in Verbindung bleibt, wenn er auf einen Weltraumspaziergang geht. Das Wichtigste überhaupt ist, nicht in Panik zu verfallen. Denn wenn wir Angst empfinden,

katapultiert uns das ganz schnell wieder in den Körper zurück, bevor wir unsere Reise vollendet haben. Glauben Sie mir, ich habe es schon sehr häufig erlebt!

Aus irgendeinem Grund meine ich, dass mein Bruder Harold sich gern einmischt, wenn ich außerhalb meines Körpers bin. Er hat einen schrägen Humor. Einmal reiste ich außerhalb meines Körpers und erblickte meinen Vater und Harold. Harold sah jung aus, hatte dunkles Haar, als wenn es vor vielen Jahren gewesen wäre. Er sagte zu mir: »Nun, du kommst ja bald.« Ich bin fast ausgeflippt! Was meinte er damit? Dann lächelte mein Vater und sagte: »Na ja, so bald nun auch wieder nicht.«

Warum fürchten sich manche Menschen vor Geistern, während andere von ihnen fasziniert sind?

Das ist tatsächlich eine interessante Frage, denn ich bin der Meinung, dass die Menschen das fürchten, was sie nicht kennen. Doch wenn ich darüber nachdenke, ist das noch nicht die ganze Wahrheit, da es Leute gibt, die vom Unbekannten völlig gefesselt sind. Ich vermute, es ist ein Fall von »Die Geschmäcker sind verschieden«. Manche Zeitgenossen fühlen sich einfach nicht wohl bei dem Gedanken, dass sie sich ihren Lebensraum mit Geistern teilen müssen.

Einmal schwelgte ich in Erinnerungen mit Brian, einem langjährigen Klienten, der zu einer meiner Signierstunden gekommen war. Für ihn habe ich schon mehrfach Sitzungen abgehalten. Er war auch einer der Ersten, die bei mir zu Hause an einer Sitzung teilnahmen, vor sehr langer Zeit, als ich gerade damit anfing. Unser Haus war damals nicht mehr als eine Schuhschachtel, und John war dabei, es zu vergrößern. Als er die Eingangshalle baute, errichtete er als Erstes die Wände und wollte später dort die Tür einbauen. Im Moment umgaben diese Wände wie eine »Schachtel« ein bestehendes Fenster und die Vordertür, wo später der Eingang sein würde, und wir mussten immer zur Hintertür herein- und hinausgehen, bis dieser Teil fertig war.

Brian kam mit seiner Freundin. Damals führte ich die Sitzungen im Esszimmer durch. Brians Freundin hatte ich ins Wohnzimmer geführt, wo sie auf ihn warten sollte, damit er die gewünschte Privatheit für seine Sitzung hatte. Leider stellte sich heraus, dass sie doch ein ziemlicher Angsthase war. Wir hatten gerade angefangen, als sie aufgeregt ins Esszimmer platzte. Sie sagte, vor dem Fenster habe jemand gewinkt. Nun, es war gar nicht möglich, dass jemand vor diesem Fenster hätte stehen können, denn der ganze Bereich war ja umbaut und hatte keine Tür, deshalb wusste ich, dass der Winkende einer der Toten gewesen war. Ich versuchte, ihr klarzumachen, dass dies nichts Besonderes sei; sie aber war außer sich und drängte: »Brian, ich möchte hier nicht bleiben! Ich will sofort nach Hause!« In dem Moment hörten wir ein lautes Krachen aus dem Wohnzimmer, als wenn jemand eine ganze Bücherwand umgeschmissen hätte. Aber als wir nachschauten, war natürlich alles an seinem Platz. Der Krach sollte Brians Aufmerksamkeit erregen. Sein On-

kel, der an Aids gestorben war und den Jungen wirklich sehr liebte, wollte ihn wissen lassen, dass er hier war. Brian war entzückt. Seine Freundin … weniger.
Eine andere Klientin erzählte mir, dass ihre verstorbene Mutter wenig hinterlassen hatte, das sich aufzuheben lohnte. Auf jeden Fall gab es kaum etwas, was meine Klientin brauchen konnte. Aber da ihre Mutter so gern gekocht hatte, entschloss sie sich, deren Töpfe und Pfannen zu behalten, die sie an sie erinnerten. Eines Tages hatte sie kurz das Haus verlassen, um noch schnell etwas zu besorgen. Es dauerte nicht lange, und sie war gerade wieder zurück, als ihre sechzehnjährige Tochter die Treppe herunterkam. »Warum hast du so auf den Töpfen und Pfannen herumgeschlagen?«, fragte sie. »Ich wollte dich das vorhin schon fragen, aber dann hatte es wieder aufgehört.« Meine Klientin antwortete: »Liebes, welche Töpfe und Pfannen? Ich bin gerade erst wieder nach Hause gekommen.« Ihre Tochter flippte fast aus, doch meiner Klientin wurde klar, dass es ihre Mutter gewesen sein musste, die etwas Aufmerksamkeit haben wollte. Sie ging in die Küche und sagte ganz ruhig: »Mutter, bitte mach so etwas nicht noch einmal, du erschreckst deine Enkelin.«
Ich fand das großartig – die Menschen beginnen es wirklich zu begreifen. Wir können uns mit den Geistern der von uns geliebten Menschen einfach unterhalten. Das ist normal. Dennoch verstehe ich schon, dass es für jene, die noch einen langen Weg gehen müssen, um das zu akzeptieren, ziemlich beunruhigend ist.

Hat ein Geist Sie jemals ernsthaft erschreckt?

Ja, aber nicht im Sinn von »Angst einjagen«. Denn bei der Begegnung mit den Toten gibt es nicht nur den »Angst-«, sondern auch den »Schreckfaktor«. Nicht jeder sieht täglich Geistwesen, und ich springe zwei Meter hoch, wenn ich von etwas erschreckt werde. Das können Sie mir glauben. Ich habe auch keine besseren Nerven als andere Menschen. Wie damals, als ich mich aus meinem Körper gelöst hatte, eine kleine Astral-Spritztour machen wollte und plötzlich sah, wie das Gesicht meines Bruders immer näher an mich herankam. Es hat mich regelrecht geschockt, weil ich einfach nicht erwartet hatte, ihn so schnell zu sehen; und ich schlüpfte sofort wieder in meinen Körper zurück. Anschließend habe ich das bedauert, denn ich hätte gern gewusst, was er mir sagen wollte, aber es war ein mentaler Reflex gewesen.

Und dann gibt es bei der Begegnung mit Geistern noch den »Nervfaktor«. Bevor ich mit dreißig Jahren heiratete, habe ich zu Hause gelebt. Ich habe noch nie allein gewohnt, und ich weiß, dass ich das auch nie gekonnt hätte. Es wäre für mich entsetzlich. Ich habe wirklich keine Angst vor Geistern. Aber davon abgesehen passieren in meiner Nähe ständig ziemlich viele recht seltsame Sachen – Lichter gehen an und aus, Wasser beginnt zu laufen und versiegt wieder, und zwar immer dann, wenn ich allein zu Hause bin. Lebte ich nicht mit einem anderen Menschen zusammen, an dem ich mich orientieren kann, mit jemandem, der mich wieder auf

den Boden holt, dann würde ich, glaube ich, verrückt werden.
Um Ihnen einen Eindruck davon zu geben, will ich einen dieser Vorfälle beschreiben, an den ich mich nur allzu gut erinnere. Eines Abends, ich lebte damals noch bei den Eltern, wollte ich vor dem Zubettgehen duschen. Ich nahm meinen Schlafanzug mit ins Badezimmer und legte ihn auf den Stuhl, duschte, trocknete mich ab und wollte mich anziehen. Das Problem bestand nur darin, dass das Oberteil weg war. Ich wusste ganz genau, ich hatte beide Teile ins Badezimmer mitgenommen. Also schloss ich daraus, jemand wollte sich einen Spaß mit mir machen, aber ich fand es trotzdem lästig. Ich hatte keine Ahnung, wo ich es suchen sollte. Ich wickelte mich in ein Handtuch und ging zurück ins Schlafzimmer. Dort schaute ich mich eine Weile um, konnte aber nichts entdecken. Als ich wieder zum Badezimmer ging, hing mein Schlafanzugoberteil am Türknauf außen an der Badezimmertür. Gerade eben hatte ich diese Tür noch geöffnet und geschlossen, als ich ins Schlafzimmer gegangen war, und ich wusste, dass das Oberteil zu dem Zeitpunkt nicht dort gehangen hatte. Und wenn ich jemals mein Oberteil über den Türknauf gehängt hätte – aus welchem Grund auch immer –, dann innen und nicht außen. Ich *wusste*, dass ich das nicht getan hatte. Verstanden habe ich eigentlich nicht, wo hier der Witz war, aber ich wusste, es gab *jemanden*, der das lustig fand.
Ein anderes Mal hatte ich in meinem Büro gearbeitet und stand auf, um nach unten zu gehen. Ich war im oberen Flur, der direkt zur Treppe führte. Im TV-Zimmer lief der Fernseher, es war also nicht still im Haus, aber dann hörte

ich, direkt hinter meinem Kopf, ein leises Klingeln, so klar und deutlich wie eine Glocke – und das soll kein Wortspiel sein! Ich schaute zur Treppe. An der Wand des Treppenaufgangs hängen bei uns einige Masken – sie stammen zwar aus Italien, sind aber ein Geschenk eines Freundes aus Mexiko. Eine der Masken ist ein Harlekin, und sie fiel mir ins Auge, als ich diesen leisen Glockenklang hörte. Ich drehte mich um, aber da war nichts. Als ich in mein Büro zurückging, sah ich, dass die kleine Puppe, die immer im Fenster hängt – sie trägt eine kleine Narrenkappe, an deren Spitze ein winziges Glöckchen sitzt –, auf dem Boden saß. Das Glöckchen ist wirklich sehr klein, und daher klingelt es auch nicht laut. Selbst wenn sie es getan hätte, als die Puppe heruntergefallen ist, es hätte nicht so ein anhaltendes Geräusch gemacht, und ich hätte es auch nie über die weite Entfernung zwischen meinem Büro und dem Treppenhaus hören können – schon gar nicht, solange der Fernseher lief. Ich wusste, es war einer der Toten, der es lustig fand, wenn er diese Glocke direkt hinter meinem Kopf klingeln ließ.

Ich habe ja schon erwähnt, dass sich eine ganze Menge Geister in meinem Büro tummeln; denn das ist der Ort, an den die Lebenden kommen, um mit den Toten Verbindung aufzunehmen. Infolgedessen passiert dort und in nächster Nähe so einiges. Einmal hatte ich die Zeitschriften, die auf einem dekorativen Zinntisch in meinem Wartezimmer liegen, gerade wieder geordnet. Hinter mir hörte ich ein wirklich lautes »Bumm!«. Ich fiel fast hintenüber vor Schreck – ich dachte, irgendein Bild in einem sehr schweren Rahmen sei von der Wand gefallen. Ich drehte mich um und … sah nichts. Gar nichts. Es ist unglaublich, was sie alles energetisch bewirken können. Ein derart lautes Geräusch hervorzubringen! Ich habe keine Ahnung, wie sie das machen. Ein andermal hörte ich in meinem Eingangsbereich eine Frau richtig laut lachen. O mein Gott. Ich bin fast ausgerastet. Ich wusste, dass es ein Geist war, aber dieses Geräusch war so verrückt und unheimlich!

Nein, allein zu leben wäre nichts für mich. Als ich fünfundzwanzig war, dachte ich, ich sollte aus dem Haus meiner Eltern endlich ausziehen. Ich war fest entschlossen. Ich ging los und fand eine nette Wohnung, mietete sie und machte mich daran, sie nach meinem Geschmack zu gestalten. Ich wechselte den Teppich aus und kaufte mir Möbel, um sie nett einzurichten. Neun Monate hatte ich diese Wohnung und bezahlte die Miete, ohne je dort einzuziehen. *Ich konnte einfach nicht.* Schließlich stieg ich aus dem Mietvertrag aus, verkaufte die Möbel und blieb einfach dort, wo ich war.

Sind Sie je von einem Geist erschreckt worden, der während einer Sitzung Kontakt aufnahm?

Eigentlich nicht, denn ich bin dann seelisch darauf eingerichtet, dass jemand auftaucht – ohne zu wissen, wer das sein könnte –, so dass ich in einem Zustand gespannter Erwartung bin. Überrascht werde ich nur dann, wenn ich gerade an etwas anderes denke. Hört sich doch logisch an, oder? Auf jeden Fall ist es in einer Sitzung eher so, als ob ich einen Gedanken empfange, und Visuelles gleicht mehr einer Traumszene oder Höhlenzeichnung wie von den Anasazi in New Mexico. Wenn ich beispielsweise sage: »Es ist jemand, der Flöte gespielt hat«, dann, weil ich ein Bild von jemandem sehe, der etwas in der Hand hält, das aussieht wie eine Flöte, und eine Haltung einnimmt, als blase er hinein. Ich bemühe mich, ein Puzzle zusammenzusetzen, und die Toten versuchen, etwas Bestimmtes zu übermitteln – in diesem Moment spielen sie keine Spielchen.

Welche Geistergeschichte ist die verrückteste, die Sie je erlebt oder von der Sie gehört haben?

Die Mehrzahl meiner Erlebnisse mit Geistern war nicht allzu dramatisch, wenn man bedenkt, dass ich regelmäßig mit den Toten spreche. Doch den, der nicht meine Vorgeschichte hat, kann vermutlich selbst ein »harmloser« Geist zutiefst erschrecken.

In den vergangenen Jahren habe ich so manche verrückte Geschichte über Geister gehört, doch eine der schrägsten war die vom Haus meiner Freundin. Sie ist in Italien geboren. Ihre Eltern zogen mit ihren sieben Kindern von dort weg und hatten bei der Ankunft so gut wie keinen Cent mehr. Doch zu ihrem Glück fanden sie ein außergewöhnlich billiges Haus, das sie mieten konnten. Obwohl es für neun Leute ziemlich klein war, unterschrieben sie den Mietvertrag und zogen ein. Von Anfang an bemerkten sie merkwürdige Geräusche oder Ereignisse. (Jetzt wussten sie, warum das Haus so billig war!) Des Öfteren sahen sie eine Frau am Bettende sitzen; ihre Schlafanzüge waren plötzlich verschwunden, und sie fanden sie dann ordentlich zusammengelegt auf dem Sofa wieder. Doch niemand war in der Nähe, der sie dort hingelegt haben könnte. Einmal stellte der Vater meiner Freundin das ganze Haus auf den Kopf, bis er seinen Werkzeugkoffer schließlich im Keller fand, mitten auf dem Fußboden. Das konnte gar nicht sein, da er ihn nie dort hinuntergetragen hatte. Er ließ ihn immer neben der Haustür, damit er griffbereit war, wenn er zur Arbeit musste.

Wie Sie sich vorstellen können, war das für alle Familienmitglieder ziemlich gespenstisch. Aber sie hatten nicht genug Geld für einen Umzug. Ein andermal hörten sie schlagende Geräusche aus der Küche. Sie liefen sofort hin, um nachzusehen, was los war, und sahen, dass sich die Schranktüren von selbst fortwährend öffneten und schlossen. Aber sie waren *immer noch nicht* bereit, aus dem Haus auszuziehen. Schließlich kam der Tropfen, der das Fass zum Überlaufen brachte. Die ganze Familie war im Wohnzimmer versammelt, die Kinder lümmelten auf der Couch herum, und plötzlich hob die Couch vom Boden ab! Sie stieg bis auf etwa dreißig Zentimeter Höhe – mit allen Kindern, die noch darauf saßen – und krachte dann mit einem lauten »Bumm!« wieder auf den Boden! Die ganze Familie war zu Tode erschrocken und begriff endlich, dass sie aus dem Haus ausziehen musste, egal, wie schwierig es wäre, ein neues zu finden, und egal, was es kosten würde.

Später erfuhren sie, dass eine Frau in diesem Haus Selbstmord begangen hatte. Welch ein Glück, dass es nur gemietet war!

Ist Exorzismus der einzige Weg, einen unerwünschten Geist loszuwerden?

Nein, absolut nicht. In vielen Fällen wollen Geister ihren Weg verfolgen, ohne darauf Rücksicht zu nehmen, dass ihre Gegenwart uns vielleicht stören könnte. In der Regel haben sie nicht die Absicht, uns zu ärgern – die meisten Geistwesen wollen in der Nähe ihrer Lieben sein, nicht bei Fremden. Manchmal stecken sie einfach fest und brauchen lediglich ein bisschen Hilfe, damit sie weiterkommen.

In New York lernte ich eine junge Frau kennen, die Freundin einer Klientin. Sie hatte in ihrer Küche einen kuriosen Lichtschalter. Manchmal musste man ihn mit viel Kraft nach oben drücken, aber wenn er erst einmal oben war, dann blieb er auch dort. Es war nur eine unbedeutende Unannehmlichkeit, weshalb sie auch nie etwas unternommen hatte, um ihn reparieren zu lassen. Eines Abends sitzt sie in der Küche und telefoniert mit einer Freundin, als plötzlich das Licht ausgeht. So etwas war noch nie vorgekommen. Zuerst dachte sie, dass die Verkabelung wohl doch in einem schlechteren Zustand war, als sie gedacht hatte, und sie sie besser überprüfen lassen sollte. Sie geht zum Schalter, denkt, dass sie ihn vielleicht etwas bewegen muss oder so, und dann sieht sie, dass der Schalter unten ist. Sehr seltsam. Es kostet oft ziemliche Mühe, ihn nach oben zu drücken, aber der Schalter war noch nie von selbst nach unten gefallen. Sie stellt den Schalter hoch, setzt das Gespräch mit ihrer Freundin fort, und – Sie können es sich denken – das Licht geht schon wieder aus! Als sie dieses Mal sieht, dass der Lichtschalter von selbst wieder nach unten gegangen ist, sagt sie zu ihrer Freundin: »Ich glaube, ich höre lieber auf, zu telefonieren!«

Sie ist ein bisschen durcheinander und beschließt, einen anderen Freund anzurufen, einen Hellsichtigen, der in Kalifornien wohnt. Sie erzählt ihm, was passiert ist, und er meint: »Leider bin ich nicht vor Ort, aber soll ich vielleicht einen Geist bitten, der mir manchmal hilft, damit er nachschaut, was die Ursache dafür ist?« Sein Geistführer (der sich als weiblicher Geist zeigt, obwohl wir in geistiger Gestalt in Wirklichkeit keinem der Geschlechter angehören) geht durch die Wohnung der jungen Frau und berichtet, dass in diesem Apartment ein Mann gestorben ist, und ihm werde Wasser gezeigt, also sei es wahrscheinlich, dass der Betreffende in der Badewanne starb. Der Geistführer überzeugt diesen unglücklichen Geist, das Umfeld der jungen Frau zu verlassen – aber nicht ohne dass dieser den Lichtschalter noch einmal nach unten drückt.

Es ist sicher großartig, wenn man einen medial veranlagten Kumpel oder seinen eigenen Geisthelfer hat, der solche Angelegenheiten für einen regeln kann, doch die Wahrheit lautet, dass dies nicht einmal notwendig ist. Sie müssen nur daran denken, den Namen Gottes zu sprechen, wenn Sie wollen, dass ein böser Geist Sie in Ruhe lassen soll. Sagen Sie einfach: »Im Namen Gottes.« Er ist die Wunderwaffe.

Wenn Sie eine große Show abhalten, muss der Raum dann bestimmte Eigenschaften haben, um es den Geistern leichter zu machen?

Die besten Bedingungen hätte ein Raum mit viel Luft und Licht. Das betrifft nicht nur die Shows, auch mein Sprechzimmer zu Hause habe ich danach geplant. Auf beiden Seiten sind große Schiebefenster, und ich benutze einen Glastisch. Meine Schwägerin Choi hat mir erklärt, dass die Aufstellung meiner Möbel den Feng-Shui-Vorgaben entspricht – die Energie kann ohne Schwierigkeiten meine Möbel umfließen, nichts behindert sie. Sie ist ständig in Bewegung und reinigt sich: Nichts wird aufgehalten. Meine Grundregel lautet »Je heller, desto besser« – und ich mag es gern, wenn eine Tür offen steht, so dass ich nach draußen sehen kann. Oft sind neue Gebäude besser als ältere. Ältere Gebäude sind anders gebaut, damit die Wärme möglichst drinnen bleibt: Sie haben meistens kleine Fenster. Und wenn die Häuser aus Stein sind, behindert das den Energiefluss. Die Räume in diesen Gebäuden sind meistens auch kleiner, deshalb ist es schon nicht so leicht, in körperlicher Form herumzugehen, wie viel weniger dann in Energieform!

In der ersten Zeit, als ich gerade anfing, an die Öffentlichkeit zu treten, luden mich die Menschen manchmal zu sich nach Hause ein – meist haben sie mich in den Keller geführt. Sie kennen das: Zementfußboden, kleine, hochsitzende Fenster, dicke Mauern. Dann zündeten sie eine Kerze an und glaubten, dieses Arrangement würde mir gefallen. Ich brachte es nicht übers Herz, ihnen zu sagen, dass es wirklich kein zuträgliches Umfeld war. In einem ebenso häufigen Szenario gab jemand im Wohnzimmer quasi eine Party, doch ich wurde oben in einem der Schlafzimmer untergebracht, wo es nur ein kleines Fenster und eine kleine Kerze gab, während alle anderen sich mit leckeren Snacks vergnügten. Nicht gerade ein Spaß für jemanden wie mich, der am liebsten mittendrin steht!

Doch unabhängig davon, wie der Raum ist, die Geistwesen werden immer einen Weg finden, hineinzukommen und Botschaften an ihre Lieben weiterzugeben; es ist nur so, dass manche Räume eine größere Herausforderung sind als andere. Als ich eine Show für Learning Annex, eine private Online-Schule für Erwachsenenbildung, in New York abhielt, steckten sie mich in eine Turnhalle. Es gab zwar Fenster, aber sie waren klein und lagen hoch über meinem Kopf. An den Wänden hingen Matten – wahrscheinlich, damit sich die Leute nicht verletzten, wenn sie gegen die Wand stürzten, doch für meine Zwecke hatte es eine tödliche Wirkung (das meine ich nicht als Wortwitz). Aber die Toten kamen auch da durch. Eine andere große Show hielt ich in Mayfair Farms in West Orange, New Jersey, ab, was ein hinreißender Veranstaltungsort ist. Allerdings fand das Ganze statt in einem Ballsaal mit verspiegelten Wänden, die die Energie reflektierten und ständig im Saal hin und her springen ließen, was unser Mikrophonsystem ins Chaos stürzte. Chris, mein Tontechniker, arbeitet bereits sehr lange für mich und kennt das schon. Er meinte: »Wir werden uns wohl ›Toten-sichere‹ Mikros anschaffen müssen!«

Was wäre die ideale Umgebung, wenn man ein Medium zu sich nach Hause einladen will?

Grundsätzlich sollte das Umfeld hell und so offen wie möglich sein – kein Keller, kein Dachboden, nichts Abgeschlossenes, Dunkles oder Kastenförmiges. Es ist gut, wenn es viele Fenster gibt. Häuser, bei denen viel Stahl oder Stein verbaut ist, eignen sich nicht so gut. Wenn die Veranstaltung eine Party ist, dann sollten Sie das Medium nicht mit einem Glas Wein an der Tür begrüßen. Alkohol schwächt spirituell und körperlich, deshalb sollten Sie ihm vor oder während der Sitzung kein alkoholisches Getränk anbieten – vielleicht danach!

Was sind die coolsten Sachen, die Tote je für Sie getan haben?

Das ist eine gute Frage! Sie helfen mir ständig aus der Klemme! Das Tollste ist, dass sie mir helfen, gut dazustehen, indem sie mir Text vorsagen, wenn ich eine Sitzung oder eine Show abhalte. Manche von ihnen flirten auch mit mir und sagen nette Dinge über mich – nein, ich denke mir das wirklich nicht aus! Obwohl, um ehrlich zu sein, nachdem ich über fünfzig bin, freue ich mich über jedes Kompliment, das ich bekomme – selbst von einem Toten! Genau genommen betreiben wir eine »Gesellschaft für gegenseitige Bewunderung«. Sie sagen mir: »Concetta, du bist die Größte!« Und ich antworte: »Das Kompliment kann ich zurückgeben, Schätzchen!«

Ich freue mich wirklich, wenn ich höre, dass sie anderen helfen – und das nimmt so viele unterschiedliche Formen an, dass ich sie nicht annähernd alle aufzählen könnte. Oft kann es etwas ganz Einfaches sein, beispielsweise stellen sie eine Verbindung her, um jemanden wissen zu lassen, dass sie hier sind. Das lässt sich einfach nicht übersehen, und so haben sie diesen Trost. Liebe Freunde von mir sind die Barones, Rachele und Joseph und ihre Kinder Antonio und Susie. Ich liebe sie wie meine eigene Familie. Sie besitzen ein Restaurant: »The Top of the Park«. Das Essen ist phantastisch, und sie sind einfach wunderbar. Rachele und Joseph haben auch eine Farm, die John und ich gern besuchen. Letzten Frühling waren wir wieder da, und sie hatten Zicklein, die gerade erst geboren worden waren. Ich durfte sie auf dem Arm halten und streicheln. Es war himmlisch! Rachele kommt aus Italien und spricht mit diesem Akzent – nur zu gern ahme ich ihr »Concetta, du mus' das probiere' – isch weiß, du wirst das liiiieben« nach. Aber sie kann auch gut austeilen, dann macht sie Sprüche wie: »Isch weiß, was du magst, Ravioli, Designertaschen und tote Leute!«

Als Rachele heiratete, zog sie in die USA, zurück blieben ihre Eltern sowie ihre Lieblingstante Zia Lucia und der Lieblingsonkel Zio Giulio. Nach einiger Zeit starb Zia Lucia, und etwas später bereitete Rachele eine Reise nach Italien vor. Kurz bevor es losging, hatte sie einen Traum, in dem Zia Lucia sie bat, ein Halstuch zu kaufen, das wohl ein Geschenk für Zio Giulio sein sollte. Ihre Tante prägte ihr ein, dass das Halstuch eine ganz bestimmte Schattierung von Blau haben musste und ein Paisleymuster. Der Traum war so eindrucksvoll und real für sie, dass sie sich dachte: »Warum nicht?« Sie ging einkaufen; und siehe da, sie fand ein Halstuch, das exakt dem entsprach, was ihre Tante ihr im Traum beschrieben hatte. Sie kaufte es, nahm es mit nach Italien und schenkte es Onkel Giulio. Als er das Halstuch sah, begann er zu weinen! Er erzählte Rachele, dass er als Letztes für Lucia ein Kleid gekauft hatte in genau diesem Stoff mit ebendiesem Muster. Das war kein Zufall. Ich zweifle keinen Moment daran: Lucia wollte ihren geliebten Giulio wissen lassen, dass sie immer noch bei ihm war.

Eine andere supertolle Sache, die die Toten für mich gemacht haben, schien mir mehr ein Gefallen zu sein, den sie John erwiesen. Doch jedes Mal, wenn sie einem der Meinen helfen, kommt das auch mir zugute. Vor einigen Monaten gingen John und ich zum Essen aus, dabei wollten wir auch ein paar Sachen kaufen. Als wir wieder zu Hause waren, bemerkte John, dass er seine Lesebrille nicht mehr hatte. Das war eine Katastrophe! Die Lesebrille gehört zu Johns meistgeschätzten Besitztümern – sie ist ein Designerstück, er hat sie auf einer unserer Reisen in Paris gekauft. Er *liebt* sie und hat schon oft gesagt, er wisse genau, dass er eine annähernd so schöne nie wieder finden würde. Wir waren nur an zwei Orten gewesen – in einem kleinen Restaurant und bei Marshall's –, deshalb wollte er dort nach der Brille suchen, vielleicht hatte er ja Glück. Zuerst geht er in das Restaurant und sagt dem Besitzer, wo wir gesessen haben, aber keiner hat seine Brille gefunden und abgegeben. Als Nächstes eilt er zu Marshall's und sucht den ganzen Bereich ab, wo er nach Hemden geschaut hat. Er führt sich auf wie ein Verrückter – kuckt unter die Auslagen, durchsucht die Wühltische –, aber er findet seine Brille nicht. Niedergeschlagen kehrt er nach Hause zurück, sitzt zusammengesunken auf seinem Stuhl und bläst Trübsal. Aber würden Sie John kennen, wüssten Sie, dass seine Trauer nur zum Teil der verlorenen Brille galt. Das Schlimmere für ihn war, von der Menschheit so enttäuscht zu werden. Denn er ist sicher, dass jemand die Brille gefunden hat, sich dachte: »Prima, tolle Brille«, und sie einfach behielt. John würde so etwas nie im Leben tun. Er kann nicht verstehen, wie jemand etwas nehmen – oder finden und behalten – kann, was ihm nicht gehört.

Ich versuche ihn aufzuheitern und frage: »Alles in Ordnung?« Er antwortet: »Mir geht es gut.« Doch es geht ihm in Wirklichkeit nicht gut, und ich ertrage es nicht, ihn so zu sehen. Also gehe *ich* jetzt dahin zurück, wo wir gewesen waren. Da ich weiß, dass er bereits überall gesucht hat, denke ich mir, ich könnte etwas Hilfe gebrauchen. Ich bitte die Andere Seite: »Kommt, Jungs, könnte ihr mir nicht dabei helfen? John liebt diese Brille wirklich sehr. Was meint ihr?« Dann gehe ich los und frage noch einmal in dem Restaurant, ob die Brille vielleicht aufgetaucht ist, nachdem John hier war. Fehlanzeige. Dann gehe ich zu Marshall's. Ich schaue in der ganzen Hemdenabteilung nach und gehe sogar zu einem Ständer mit Sonnenbrillen. Es könnte ja sein, dass jemand sie aufgehoben hat und dachte, sie gehöre auf den Ständer. Nichts.

Um ehrlich zu sein, freue ich mich nicht besonders darauf, jetzt nach Hause zu gehen und dort meinen Mann in seinem Jammertal zu sehen, aber mir fällt nichts ein, wo ich noch suchen könnte. Noch einmal wende ich mich an die Andere Seite und frage: »Bitte, könnt ihr nicht irgendetwas tun? Bitte helft mir doch, die Brille zu finden.« Auf jeden Fall komme ich also zu Hause an, parke das Auto, und als ich durch die Tür gehen will, höre ich, wie ein Geist mir zuflüstert: »Concetta, dreh dich doch mal um.« Ich schaue nach hinten, und dort, auf einem Stein in der Nähe der Tür, liegt Johns Brille.

Wie sie dahin kam, möchte ich gar nicht erst wissen! Ich war nur einfach froh. Ich liebe es, wenn so etwas passiert. Und ich liebe es, wenn ich zu John, der selbst nach unserer langen gemeinsamen Zeit immer noch ein bisschen skeptisch ist, sagen kann: »John, was machst du, wenn ich dir sage, dass dir die Andere Seite etwas zurückgebracht hat, das dir sehr gefehlt hat?« Davon kann ich nie genug bekommen. Und John war so glücklich!

Viele Male schon haben mich die Geister gerettet. Dabei meine ich nicht, dass es sich dabei um eine wirkliche Gefahr gehandelt hat. Ich habe schon diese Sache erwähnt, die wir »ASW« nennen und die unser eigentlicher Beschützer ist, uns einen Wink gibt, wenn wir zum Beispiel einem bestimmten Menschen nicht trauen soll-

ten, weil der uns etwas Böses will. Nur einfach eine missliche Lage.
Dabei fällt mir ein Erlebnis ein, als John und ich 1995 durch Colorado reisten. Wir wollten in einem wunderschönen alten Hotel absteigen, dem Stratford, doch dummerweise hatten wir nicht daran gedacht, telefonisch zu reservieren. Als wir dort ankamen, war es total ausgebucht. Und angesichts des Feiertagswochenendes befürchteten wir, noch ziemlich weit fahren zu müssen, um ein Zimmer zu finden. Der Manager war sehr nett und bedauerte es, aber uns war bewusst, dass es an uns lag, weil wir nicht vorausgeplant hatten. Das Stratford hat einen prachtvollen alten Saloon, und wir beschlossen, uns dort erst mal hinzusetzen und zu überlegen, was wir machen sollten. Wir sagten dem Manager, dass uns klar sei, wie unwahrscheinlich es war. Aber falls sich doch noch etwas ergeben würde, dann könnte er uns an der Bar finden. Als historisches Gebäude war der Saloon voller Seelen – genau die Art von Ort, die ich gern besuche, weil ich oft sehr interessante Geschichten höre, die dort geflüstert werden. Während wir uns unterhielten, hörte ich einen der Geister: »Keine Sorge. Es wird sich was finden.« Ich erzählte es John, und er antwortete: »Wirklich?« Lächelnd erwiderte ich: »Ja, ich habe die Nachricht gerade bekommen.« Ein paar Minuten später kam der Manager hocherfreut zu uns und ließ uns wissen, dass eine Suite storniert worden sei. Die überließ er uns für den Preis eines normalen Zimmers, da wir so nett und geduldig gewesen seien.

Es scheint, dass die Toten gern helfen. Warum ist das so?

Nun, ich weiß schon, dass die Menschen verschieden sind. Auf der Anderen Seite sind wir genauso individuell wie hier, und daher ergibt sich zwangsläufig eine ganze Bandbreite von Antworten auf diese Frage. Aber ich will an dieser Stelle eine kühne Behauptung machen: »Weil sie es können.«

Schon Henry David Thoreau sagte, dass auf »die Beschaffenheit des Tages selbst einzuwirken ... die höchste aller Künste« sei. Mögen wir es nicht alle, etwas Gutes zu tun für die Menschen, die uns am Herzen liegen? Sobald wir einmal dort drüben sind, gibt es noch viel mehr Leute, die uns etwas bedeuten. Auf jeden Fall sind wir mit bestimmten anderen Seelen auf eine ganz besondere Weise verbunden. Aber wir verstehen auch, dass wir alle eins sind, und wir sehen den Welleneffekt, den jede gute Tat auslöst. Von der Anderen Seite aus sehen die Toten alles ganz klar. Sie erkennen, wie hier alle Teile ineinandergreifen, wer was für wen getan hat und warum. Und ich bin überzeugt, dass sie jede Nettigkeit zu schätzen wissen, die jemand für sie getan hat, als sie noch auf Erden waren.

Bei einer meiner Shows in New Jersey ging ich den Gang zwischen den Sitzen hinunter, um mit jemandem zu sprechen, der im hinteren Bereich des Saales saß. Aber plötzlich wurde ich von einer Mauer aus Energie oder eher Schall aufgehalten. Es lässt sich nur schwer beschreiben, aber es ist mehr ein akustisches Phänomen als ein physisches. Eine Seele wird so laut, dass ich nichts anderes mehr hören kann. Und wenn ich nicht richtig hören kann, bringt mich das durcheinander. Es hält meinen Gedankenfluss an, so als ob Sie auf der Straße mit dem Handy telefonieren und dann an einem Presslufthammer vorbeikommen oder wenn ein Krankenwagen mit Sirene vorbeifährt. Es gab also einen kraftvollen Geist, der mich nicht vorbeilassen wollte, bevor ich nicht seinen Lieben gefunden hatte und er ihm eine Botschaft zukommen lassen durfte.

Ich brauchte nicht lange, um herauszufinden, dass seine Frau direkt neben der Stelle saß, an der er mich aufhielt. Es war eine sehr merkwürdige Energie, äußerst kraftvoll. Vielleicht versuchte der Tote, »witzig« zu sein, was ihm aber nicht recht gelang oder nur auf sehr schräge Weise. Er war eine starke Persönlichkeit. Ich sollte seiner Frau sagen, dass er sich bei ihr bedanken wollte. Sein ganzes Leben lang sei er immer missverstanden worden. Sie war die Einzige gewesen, die ihn verstanden hatte. Auf eine sehr pragmatische Weise hatte sie ihn beschützt. So viele Male fand er sich in unangenehmen Situationen, weil er etwas Missverständliches gesagt oder getan hatte; und stets war sie es gewesen, die das in Gesprächen klärte. Sie sagte dann immer etwas wie: »Er hat es nicht so gemeint, es ist nur seine Art. Eigentlich hat er ein gutes Herz.« Er wusste jedes Mal, dass sie das für ihn tat, und er schätzte das. Er wollte ihr unbedingt übermitteln, wie sehr er das mochte. Die Dichterin Maya Angelou sagte einmal, die Menschen vergäßen, was du sagst und was du tust. Aber welche Gefühle du in ihnen ausgelöst hast, das vergäßen sie nicht. Ich finde, das stimmt. Wir alle möchten, dass man uns versteht und liebt. Und wir werden diejenigen nie vergessen, die uns das fühlen ließen – selbst wenn wir auf die Andere Seite hinübergegangen sind.

Wodurch könnte Ihrer Meinung nach die Welt besser werden?

Das ist einer der Vorteile, die die Toten genießen: Da sie alles, was geschieht, aus der »Vogelperspektive« sehen, können sie auch die tiefe Wahrheit des Sprichworts »Was man sät, das wird man ernten« erkennen. Sie verstehen, was Karma ist, und sie verstehen den Wert, den es hat, jemandem einen Gefallen zu tun oder einfach ein »netter Mensch« zu sein, der die Rechte und Gefühle anderer respektiert, der schätzt, was er hat, und nicht gedankenlos alles zerstört.

Doch wir brauchen nicht erst auf die Andere Seite zu wechseln, um das zu begreifen: Wir müssen nur unsere Augen aufmachen, wach werden! Ich muss zugeben, dass mir diese Aufgabe vielleicht nicht zusteht, aber bei schlechtem Benehmen laufe ich zur Höchstform als Ordnungshüter auf. Gebt mir die Chance, und ich erhebe meine Stimme, um den Leuten zu sagen: »Sie sollten sich mehr Mühe geben! Nehmen Sie sich zusammen, Herzchen!« Ich ertrage es einfach nicht, wenn Menschen anderen oder unserem Planeten gegenüber rücksichtslos sind. Tag für Tag begegnen wir Leuten, die überarbeiteten Kellnern oder Verkäufern mit Ungeduld begegnen, Autofahrern, die ihren Blinker nicht benutzen, dem Kunden am Ende der Schlange, der sieht, dass eine neue Kasse aufgemacht wird, und sofort drankommen will, obwohl die Leute vor ihm schon viel länger warten, Menschen, die das Wörtchen »danke« scheinbar nicht über die Lippen bekommen, die ihr Schokoladenpapier oder ihren Pappbecher einfach auf den Boden werfen, als hätten sie ein Dienstmädchen, das hinter ihnen aufräumt, Zeitgenossen, die so dicht an der Ausfahrt eines Hauses parken, dass deren Besitzer nicht mal in die eigene Garage fahren können, oder so nah vor ihrer Tür, dass keiner mehr herauskann. Ihnen sage ich: »Schaut euch um! Seid aufmerksam, helft mit, dass die Welt besser wird.«

Ich habe eine große Klappe. Wenn ich Kinder sehe, die in einem Kaufhaus mit schmutzigen Händen hinter ihrer Mutter herrennen und die Kleider von den Bügeln reißen, dann sage ich ihnen, dass man das nicht tut. Und wissen Sie, was? Ihre Mutter dreht sich um, und statt ihre Kinder aufzufordern, die Sachen aufzuheben und wieder aufzuhängen, schimpft sie mit mir: »Sie haben meinen Kindern überhaupt nicht zu sagen, was sie tun sollen!« Worauf ich dann antworte: »Diese Kinder benehmen sich sehr schlecht; und jetzt weiß ich auch, von wem sie das gelernt haben.« Nun gut, wenn ich den Mund aufmache, gewinne ich nicht nur Freunde. Aber vielleicht denken diese Kinder ja doch einmal darüber nach, selbst wenn es bei der Mutter vergebene Liebesmüh war. Vielleicht erleben die Kinder noch andere Beispiele, die sich von dem unterscheiden, was sie zu Hause

lernen, und erkennen, dass es an ihnen liegt, genau genommen an jedem Menschen, die Welt ein wenig zu verbessern.
So, jetzt nehme ich meinen moralischen Zeigefinger wieder herunter – ich weiß, dass es mir nicht zusteht, den Richter zu spielen. Doch wie ich zu sagen pflege, ich bin nun mal nicht vollkommen. Uns allen würde es nicht schaden, wenn wir uns zum Besseren weiterentwickelten. Ich persönlich versuche stets, konstruktiver Kritik gegenüber offen zu sein. Es hängt immer davon ab, wie sie übermittelt wird. Ich ziehe es vor, wenn es ruhig und liebevoll geschieht, ohne Schreien, Fluchen und natürlich ohne Anwendung körperlicher Gewalt. Wenn es wirklich zum Ziel hat, mir zu helfen, dann kann ich damit umgehen. Ich bin schon ein großes Mädchen.

Warum sollen wir nicht urteilen?

Es ist verrückt: Wir alle fällen täglich Urteile, aber wir beurteilen in Wirklichkeit nur uns selbst, und der einzige wahre Richter ist Gott. Ich habe eine klare Vorstellung davon, *wie die Dinge meiner Meinung nach* sein sollten, und Sie haben eine klare Vorstellung, wie sie *Ihrer Meinung nach* sein sollten. Wir wissen beide, dass Ihre und meine Meinung nicht zu hundert Prozent übereinstimmen werden. Fazit: Sie werden genau so sein, wie jeder von uns sie projiziert. Und jeder von uns muss seine eigenen Fehler machen. Wenn ich aus dem Fehler eines anderen lerne, so dass mir dieser nicht mehr unterläuft, dann werde ich immer noch einen anderen machen – es gibt ausreichend Möglichkeiten dazu, genügend Lektionen für jeden.

Auf der Rückfahrt von Fernsehaufnahmen unterhielt ich mich mit dem Fahrer. Eigentlich regte ich mich auf über irgendeine dumme Sache. Eine Frau war während der Aufnahme die Nettigkeit in Person, aber als die Kamera aus war, machte sie boshafte Bemerkungen. Und er sagte etwas, was ich wirklich für weise hielt. Er meinte: »Concetta, nehmen Sie nie Ihre Klugheit als Maßstab bei der Beurteilung anderer. Es wird immer Menschen geben, die klüger sind als Sie, und genauso wird es solche geben, die einfach nichts begreifen, gleich, um welches Thema es geht. Wenn Sie sich selbst als Maßstab nehmen, um die Klugheit anderer zu bewerten, dann kann das nur zur Enttäuschung führen.« Eine wertvolle Lektion!

In diesem Buch habe ich schon mehrfach erwähnt, dass ich weiß, ich sollte keine Urteile fällen, und ich bemühe mich auch, es nicht zu tun. Das gehört zu den Prinzipien, die mir vom Kopf her klar sind, bei denen ich aber in der praktischen Umsetzung noch Schwierigkeiten habe. Ich glaube, das geht vielen so.

Eine meiner Freundinnen war nicht mehr ganz jung, als sie mit dem Joggen angefangen hat. Wenn sie läuft, denkt sie über alles Mögliche nach, und sie erzählte mir etwas, was mir sehr gefiel. Es war ihr eingefallen, während sie ihre Runden um das Wasserbecken im Central Park drehte. Als sie mit dem Joggen anfing, hatte es sie immer geärgert, wenn jemand sie überholte; andererseits war sie ein bisschen schadenfroh, wenn sie einen anderen hinter sich lassen konnte. Schließlich aber begriff sie, dass weder das Überholtwerden noch das Überholen ein aussagekräftiger Maßstab für irgendetwas sein konnte. Warum sollte es sie glücklich machen, wenn sie an einem Jogger vorbeilief, der zwanzig Jahre jünger als sie aussah? Vielleicht nahm der Betreffende gerade das Laufen wieder auf, nachdem er eine schwere Verletzung hat ausheilen müssen. Warum sollte sie sich schlecht fühlen, wenn jemand sie bei ihrer dritten Runde einholte – vielleicht war es erst seine erste? Sie wusste in den seltensten Fällen, wann und wo ein anderer auf dem Joggingrundkurs begonnen hatte. Und ebenso wenig wusste sie, wie weit er schon gelaufen war, bevor er auf den Pfad kam, und welche Lasten er zu tragen hatte. Alle Bewertungen eines anderen Joggers und jeder Vergleich mit ihm in dem Moment des Überholens oder Überholtwerdens waren ohne jede Bedeutung. Stattdessen, so begriff sie, zeigte jeder, der sich auf dem Joggingpfad befand, dass es sein Ziel war, sich anzustrengen – so wie sie.

Im Leben ist es vergleichbar. Wir sind hier, um das Spiel so gut wie möglich zu spielen. Wenn wir zufällig sehen, dass jemand den Ball fallen lässt, dann muss das nicht heißen, dass derjenige generell ein schlechter Spieler ist. Vielleicht hat er sich ja den Fuß verdreht und verdient unser Mitgefühl, nicht unser Urteil. Der Einzige, der unsere Reise von Anfang bis Ende kennt, ist Gott. Der Einzige, der weiß, was in der Tiefe unserer Herzen geschieht, ist Gott. Der Einzige, der über uns urteilt, ist Gott.

Was ist, wenn wir keine Hilfe brauchen? Sind unsere verstorbenen Lieben dennoch in unserer Nähe?

O ja! Sie haben ihren Spaß an uns. Wir sind für sie so etwas wie Fernsehen. Sie lieben es, ihre Kinder und Enkel zu beobachten. Sie mögen es, wenn sie sehen, dass wir Neues probieren, unsere Probleme zu lösen versuchen, uns verlieben, uns vergnügen. Wenn ich eine Sitzung abhalte, dann erzählen sie mir von allem, was sie gern tun. Ein Großvater berichtete mir beispielsweise, er stehe oft hinter seiner Enkelin, wenn sie Klavier übe. Am liebsten würde er sie dazu bringen, in dem traditionellen Stil zu spielen, denn er so mochte, als er noch auf Erden war. Oder die Toten stellen fest, wie sehr sie es schätzen, dass Gegenstände aus ihrer Hinterlassenschaft behalten wurden und noch benutzt werden. Eine Großmutter bemerkt vielleicht, dass ihre Stickereien aufbewahrt wurden, all die kleinen Tischdeckchen oder Handtücher, die sie angefertigt hatte. Möglicherweise ist da der eine oder andere Soßenfleck darauf, aber das tut nichts zur Sache. Sie hat sie gemacht, und Sie haben sie aufgehoben, das gefällt ihr. Das scheinen Kleinigkeiten zu sein, aber sie bedeuten den Toten eine Menge. Sie mögen es, wenn wir weiterhin Teile benutzen, die sie hinterlassen haben, oder uns an Traditionen erinnern, die ihnen im Leben so wichtig waren. Man kann nichts mitnehmen, aber Überlieferungen oder Gegenstände, die eine Seele im Leben gemocht hat und die von einem Nachkommen in Ehren gehalten werden, haben eine transzendente Bedeutung.

Sind die Toten stolz auf das, was sie auf Erden erreicht, auf das, was sie getan oder geschaffen haben und was sie zurücklassen mussten?

Ja. Ja. Ja. Es ist wie bei Kindern, die in die Schule gehen, um etwas Spezielles zu lernen, was ihnen helfen wird, eine bessere Stelle zu bekommen oder zwischen mehr Möglichkeiten wählen zu können. Wenn sie dann ihren Abschluss haben, erinnern sie sich an all die harte Arbeit, die sie dafür aufwenden mussten, um dieses Ziel zu erreichen. Es bedeutet ihnen etwas, sie sind ehrlich stolz darauf. Bei unseren Leistungen auf dieser Seite steht am Ende ein Ergebnis, auf welches das Individuum stolz ist. Gleichgültig, worin die Leistungen bestehen – ob wir ein Kind zu einem guten Menschen erzogen, ein Broadway-Musical geschrieben oder daran geforscht haben, eine Krankheit zu heilen, ob wir ein Haus gebaut haben oder was auch immer. Doch selbst das ist nur der äußere, sichtbare Teil von all dem, was man dort hineingelegt hat. Unzählige Gedanken und unzählige Handlungen. All das hat Bedeutung, all das ist wichtig. Und dennoch, so bedeutungsvoll diese Dinge auch sein mögen, die wahren Leistungen sind die Errungenschaften der Seele, die unterschiedlichen Wege, auf denen der Mensch spirituell gewachsen ist während alledem. Und diese Leistungen gehen nur das Individuum und Gott etwas an.

Können die Geister der verstorbenen Lieben uns im Traum besuchen?

Sicher können sie das, und sie tun es auch häufig. Neulich bekam ich eine E-Mail von einer Frau, die schrieb, dass sie am Abend vor ihrem letzten Geburtstag niedergeschlagen war. Es war kein besonderer Geburtstag mit einer großen Null, die wir manchmal als traumatisch empfinden. Sie hatte einfach nur bemerkt, wie das Alter allmählich immer näher rückte, und sie wünschte sich, ihre Mutter wäre hier. In der Nacht träumte sie, dass ihre Mutter den Sommer in Portugal verbrachte, wie sie es früher immer getan hatte. Im Traum klingelte das Telefon, und sie erkannte die Stimme ihrer Mutter. Aufgeregt sagte sie: »Mom, du hast meinen Geburtstag nicht vergessen!« Und ihre Mutter erwiderte, sie würde das niemals vergessen. Zu Lebzeiten hatte sie ihre Kinder an den Geburtstagen immer angerufen.

Woher wissen wir, dass es wirklich unser lieber Verstorbener ist und nicht etwas, was wir »einfach geträumt« haben?

Die Kürze und Klarheit dieses Ereignisses, das ich gerade beschrieben habe, lässt mich stark vermuten, dass es ein echter Besuch war. Wenn Ihr Traum in viele verwirrende

Szenen eingebettet ist, von einem Schauplatz zum nächsten springt oder wenn er bizarre Elemente enthält wie einen rosa Elefanten oder einen Filmstar auf einem Riesenrad, dann ist die Wahrscheinlichkeit höher, dass es »nur« ein Traum ist. Psychologen werden Ihnen sagen, dass alle Personen im Traum eigentlich Sie sind oder dass jeder im Traum einen Aspekt von Ihnen repräsentiert – denn so verarbeiten wir die Belastungen des Alltags. Unser Unterbewusstsein bringt diese Szenen hervor, um uns von Dingen zu befreien, die uns belasten. Oft können wir uns auf den ersten Blick keinen Reim darauf machen, und sie müssen erst interpretiert werden, bevor sie für uns von Wert sind.

Es ist ziemlich einfach, diese Art von Szenario von einer echten Erscheinung zu unterscheiden. Ein Besuch von der Anderen Seite wird immer überwältigend und eindeutig sein, kurz und phantastisch. Sie sehen eine echte Person, die Sie erkennen. Vielleicht sagt sie etwas, aber diese Botschaften sind niemals lang oder kompliziert. Sie können vielleicht nicht einmal hören, was sie sagt – möglicherweise sehen Sie nur, wie sie ihren Mund bewegt, und können die Worte nicht verstehen. Oder Sie sehen nur, dass sie winkt. Keine rosa Elefanten. Keine Filmstars. Keine Interpretation notwendig.

Als Beispiel fällt mir eine Klientin ein. Kurz bevor sie zu den Weihnachtsferien nach Hause fahren wollte, hatte sie auf dem College einen Traum. Darin kam ihre Großmutter zu ihr und sagte, sie würde Weihnachten nicht mit der Familie feiern, aber sie solle sich keine Sorgen machen, es ginge ihr gut. Als sie zu Hause ankam, teilte man ihr mit, dass ihre Großmutter die Woche zuvor verstorben sei. Sie hatten sie während der letzten Prüfungen vor den Ferien nicht beunruhigen wollen und ihr deshalb nichts davon erzählt.

Ist es üblich, dass unsere Lieben uns in einem Traum besuchen, bevor sie auf die Andere Seite wechseln?

Kurz vor dem Tod ist es nicht ungewöhnlich, dass sich der Geist schon vom Körper löst und einen geliebten Menschen besucht. Und das kann geschehen, während ebendieser geliebte Mensch im Traumzustand ist. Eine meiner Klientinnen erzählte mir, dass ihr Ehemann eines Abends bei der Arbeit war und sie wusste, er würde nicht so bald nach Hause kommen. Also ging sie ohne ihn zu Bett. Im Schlaf träumte sie, dass sie ein lautes Klopfen an der Tür hörte. Im Traum stand sie auf und ging nach unten zur Haustür. Als sie diese öffnete, stand ihr Ehemann in einem Krankenhemd vor ihr. Während sie ihn anstarrte, sagte er: »Liebes, ich gehe jetzt nach Hause«, und verschwand. Der Traum war so lebhaft und bestürzend, dass sie aufwachte und aufstand. Sie zog sich an, obwohl sie nicht wirklich wusste, was sie tun wollte. Sie ging nach unten und setzte sich ins Wohnzimmer, da klopft es tatsächlich an der Tür. Als sie die Tür öffnete, stand sie diesmal einem Polizisten gegenüber. Er teilte ihr mit, dass ihr Mann einen Unfall gehabt habe und er sie ins Krankenhaus zu ihm fahren würde. Dort führte man sie zu ihrem

Mann, der genau das Krankenhemd anhatte, in dem sie ihn vor der Tür gesehen hatte. Fünf Minuten später starb er. Er ging nach Hause, so wie er ihr gesagt hatte.

Kann es sein, dass manche Religionen »mehr« über die Andere Seite wissen als die übrigen?

Ich möchte das verneinen. Tief in unserem Innern kennen wir alle die Wahrheit über Gott und die Andere Seite. Alle Religionen sind Strukturen, die dabei helfen können, die Wahrheit zutage zu fördern und sie uns bewusst zu machen. Im Verlauf der Geschichte wurde die Wahrheit immer wieder verzerrt. Spiritualität ist der Weg, der das Herz und die Seele mit dem Wesen Gottes verbindet. Durch diese Verbindung wird die Wahrheit ans Licht kommen.

Wie konnte es dazu kommen, dass wir uns so weit vom Himmel, von Gott entfernt haben?

Solange wir in unserem Körper sind, ist unsere Aufmerksamkeit auf die materielle Welt auf dieser Seite gerichtet, wo unsere körperlichen Sinne regieren. Wir konzentrieren uns darauf, was wir schmecken, fühlen, kaufen und verkaufen können. Unsere Herausforderung besteht darin, uns an das Spirituelle zu erinnern, selbst wenn es hinter all dem Geglitzer der Welt verborgen liegt. Es ist nicht unmöglich, geht aber nicht ohne Anstrengung. Seien Sie sich dessen bewusst, dass Gott, seine Engel und all seine Wunder uns nie verlassen haben und auch nie verlassen werden. Viele haben nur aufgehört, ihnen den Vorrang zu geben. Es liegt an uns, dass wir uns wieder darauf konzentrieren und unsere Verbindung zurückgewinnen.

Warum ist es für uns so wichtig, die uns innewohnende natürliche Spiritualität wiederzufinden?

Es ist unerlässlich für uns, zu begreifen, dass wir ein Geist in einer körperlichen Hülle sind. Wenn wir mit unserem Geist Verbindung aufnehmen, dann verbinden wir uns mit unserem wahren Selbst. Bleiben wir nur auf unseren physischen Kopf und unsere Emotionen fokussiert, dann laufen wir Gefahr, in einer schwankenden und unsicheren Persönlichkeit gefangen zu sein. Ein weiser Mensch hat einmal gesagt: »Bei der Geburt sind wir verkörperter Geist. Der Sinn unseres Lebens liegt darin, vergeistigte Körper zu werden.«

Warum, glauben Sie, ist Ihre Arbeit so wichtig?

Ich hoffe, dass meine Arbeit dazu beiträgt, die falschen Vorstellungen und die Verwirrung zu beseitigen, die sich die Leute darüber machen, was das Leben wirklich ist und worin das Lernziel unserer menschlichen Erfahrung besteht. Wenn wir uns dafür entscheiden, in dem Überzeugungssystem zu verharren, dass Menschsein nur unser Leben auf Erden betrifft – diesen Ort, an dem wir in unserer körperlichen Gestalt leben –, dann werden wir weiterhin in Furcht gefangen bleiben. Wir werden so viele Ängste und Probleme und offene Fragen haben, und wir werden versuchen, unsere Probleme mit Mitteln zu lösen, die die Liebe (Gott) nicht wählen würde. Und das wird unserem Geist nur mehr Karma aufladen. Böses, Schaden zufügen, Ungerechtigkeit, Greueltaten – all das ist der »Teufel« oder wie immer Sie das nennen wollen (für die Juden bedeutet »Satan« der »Feind«: alles, was gegen das Gute arbeitet). All diese Dinge existieren auf dieser Welt.

Der Weg, diese negativen Systeme abzubauen, besteht für immer mehr Menschen darin, stark zu bleiben und ihr Leben nach den Prinzipien der Wahrheit und Liebe zu führen. Wenn wir die Tür von dieser zur Anderen Seite öffnen, haben wir Zugang zur Welt Gottes und seinen Gründen für die Welt. Ich möchte, dass die Menschen erfahren: Der Tod ist nichts Endgültiges. Ich möchte, dass die Menschen getröstet und beruhigt werden und ein reichhaltigeres Leben führen, weil sie wissen, dass selbst am »Ende« dieses Lebens nichts endet.

Wenn wir von den Toten träumen, versuchen sie wirklich, mit uns zu reden?

Ja. Das wollen Sie wirklich! Wenn wir in einem unterbewussten Zustand sind, können sie mit uns ein nettes Gespräch führen, ohne dass wir vor Angst ausflippen. Sobald wir wach sind, neigen wir dazu, uns sehr eng an unsere Vorstellungen zu halten von dem, was »normal« und möglich ist. Das ist meist eine ziemlich begrenzte Sicht im Vergleich zu dem, was die wahre Wirklichkeit ist, zu dem, was in Wahrheit nicht nur *sein kann*, sondern einfach *ist*. Wenn wir in diesem angenehm entspannten Zustand sind, dann werden die Geister die Gelegenheit nutzen, um mit uns Verbindung aufzunehmen.

Welches ist das wichtigste Geheimnis, das Ihnen die Toten enthüllt haben?

Diese Frage ist ganz einfach zu beantworten: Worum Sie bitten, das werden Sie bekommen. Ich mag die folgende Geschichte – sie ist auf unterschiedlichste Weise erzählt worden, und ich weiß, dass viele meiner Leser sie kennen, aber hier ist sie.
Mister Manicotti hatte ein gutes Leben gehabt und war an seinem Ende recht zufrieden. Er war nicht gerade reich gewesen, aber er hatte immer »genug« gehabt, gute

Freunde, eine liebevolle Ehefrau und Kinder. Alles in allem kein schlechtes Leben. Als er starb, kam er in den Himmel, wo er am Tor wie erwartet den heiligen Petrus traf. Und obwohl er es sich so vorgestellt hatte, fand er es aufregend. Der Himmel war genau so, wie er ihn sich erträumt hatte.

Nun führt ihn also der heilige Petrus herum, und hier und da sieht er alte Freunde und Familienmitglieder, die er seit Jahren nicht mehr gesehen hatte, und er wird von seinen früheren heißgeliebten und unvergessenen Haustieren begrüßt. Der Himmel ist ein phantastischer Ort, und es gibt eine Menge zu entdecken. Weiter vorn sieht Mister Manicotti ein wunderschönes weißes Gebäude, und er bittet den heiligen Petrus, ob er es sich ansehen dürfe, doch der sagt: »Nein.« Das überrascht ihn – er hatte nicht erwartet, dass man ihm im Himmel etwas abschlagen würde. Er fragt Petrus, warum das Gebäude verbotene Zone sei, aber der versucht nur, ihn abzulenken. Unnötig zu erwähnen, dass ihn das umso neugieriger macht. Er sagt: »Bitte, ich möchte wirklich gern sehen, was in diesem Gebäude ist.« Widerwillig geht Petrus mit ihm zu dem Gebäude hinüber, und sie treten ein. Dort sieht Mister Manicotti lange Reihen von Regalen, die mit glitzernden Schachteln gefüllt sind, und jede ist mit dem Namen einer Seele beschriftet. Er rennt zu den Regalen hinüber, um seinen Namen zu suchen, und tatsächlich entdeckt er eine große Schachtel, wunderhübsch eingepackt, die offensichtlich für ihn gedacht ist. Als er aber danach greift, warnt ihn der heilige Petrus: »Öffne sie nicht, wenn du hineinschaust, wird dich das zum Weinen bringen.« – »Um Himmels willen, warum denn?«, fragt Mister Manicotti. »Weil in dieser Schachtel«, antwortet Petrus, »all die Gaben und Geschenke sind, die Gott für dich vorgesehen hatte, wenn du nur darum gebeten hättest.«

Die Moral von der Geschichte ist: Setz dir hohe Ziele. Hab große Träume. *Bitte* um die Fülle. Gott möchte, dass wir so groß sind wie er. Das ist es, was »nach Gottes Ebenbild geschaffen zu sein« bedeutet. Wir werden nie so groß sein wie Gott, aber solange wir nicht große Träume haben und um alles bitten, was wir möchten, werden wir immer kleiner sein, als wir sein könnten. Scheuen Sie sich nie, um Wohltaten zu bitten – sowohl in Ihren Gebeten als auch in Ihren alltäglichen Worten und Handlungen. Es gibt mehr als genug von allem. Gottes Wohltaten sind unendlich und ewig.

Dank

John Bertoldi, auch Johnny Fountaine genannt oder Juanito, mein wunderbarer Ehemann: Du warst mir immer eine große Unterstützung und ein Trost seit fünfundzwanzig Jahren. Unser Zusammenleben war alles andere als langweilig! Dir habe ich es zu verdanken, dass ich wahre Liebe erfahren durfte. Vielen Dank, Juanito, ich werde dich noch über viele zukünftige Leben lieben.

Eleanor Hackett Ferrell, meine Mutter: Mein Herz ist voller Bewunderung für dich und all das, was du in früher Kindheit durchgemacht hast. Ich danke dir dafür, dass du eine so wunderbare Mutter bist, und für dein selbstloses Handeln. Ich liebe dich über alles.

Cornelia DiNunzio alias Mushy: Ich denke noch immer an das kleine Mädchen, das ich vor mehr als vierzig Jahren kennenlernte. Wir sind unser ganzes Leben zusammen durch so viel Freude und Kummer gegangen. Ich kann mir ein Leben ohne dich nicht vorstellen, du hast mir so viel von dir gegeben. Du bist wie eine Schwester für mich und wirst es immer sein. Ich liebe dich.

Robert Ferrell, mein Bruder, mein lieber, wunderbarer Bruder: Ich habe dich nie anders als freundlich und mitfühlend erlebt. Du hast immer an mich geglaubt und gesagt, dass ich das kann. Ich danke dir, dass du das erkannt hast. Harold wäre genauso stolz wie ich darauf, was du dir für ein Leben aufgebaut hast. Ich liebe dich so sehr.

Choi Eng, meine Schwägerin: Du bist ein phantastischer Gewinn für die Familie. Ich danke dir für alles, was du für uns getan hast. Gott liebt dich, und mir geht es genauso.

Elena Oswald, mein süßer Elen-Schatz: Jeder böse Gedanke liegt dir fern. Was habe ich für ein Glück, dass du zu meinem Leben und zu meiner Familie gehörst! Wenn du am Steuer saßest, konnte ich ruhig und gelassen bleiben. Ich liebe dich.

Madeline Krawse, meine liebe Freundin: Ich danke dir und Steve für die vielen gütigen Worte und die fröhlichen Essen an den Freitagabenden. Wenn wir zum See hinuntergingen, um mit den Enten zu schwimmen, all die wunderbaren Dinge, die ihr gesagt und getan habt. Es war ein großartiger Tag, als ihr in mein Leben getreten seid. Ich liebe euch beide sehr.

Stephany Evans, auch bekannt als Tex, meine liebe Freundin und Agentin: Ich muss an den Tag denken, an dem ich dich das erste Mal getroffen habe. Es war 2003, an einem kalten Tag in New York in der Agentur Gersh. Es war ein Glückstag für mich. Ich erinnere mich noch immer an dein Lachen, über das ich mich bis heute freue. Ich liebe dich aus ganzem Herzen. Ich werde dir für immer dankbar sein, dass du in mir etwas gesehen hast.

Ginger Grancagnolo alias GG oder Gingerbread: So viele deiner Worte und Gedanken habe ich mir zu eigen gemacht. Ich bewundere deine Stärke und von Herzen kommende Leidenschaft. Ich kann nie genug bekommen von deinen Geschichten oder deinen Einsichten über die Andere Seite. Ich liebe und bewundere dich – das kleine

Mädchen in dir und in mir sind beste Freundinnen. Auf ewig.
Rachele Barone, meine wunderbare italienische Freundin: Es ist mir ein Trost, zu wissen, dass du dich um mich sorgst. Ich danke dir, dass du mir Essen gebracht hast, wenn es mir nicht so gutging, und für alles andere. Schon der Klang deiner Stimme gibt mir das Gefühl, zu Hause zu sein. Ich liebe dich.
Jessica Bertoldi (Franchina), meine Adoptivtochter: Wir haben so viel miteinander durchgemacht. In meinem Kopf habe ich immer das Bild von dem kleinen Mädchen mit dem Pferdeschwanz, so voller Leben, von elf bis dreißig. Ich bin stolz auf dich. Unsere Beziehung ist mir sehr wichtig. Danke, dass du mich »Mom« nennst. Ich liebe dich.
Johnny Bertoldi junior: Du hast dich zu einem so wunderbaren Mann entwickelt. Ich halte all deine Karten zum Muttertag in Ehren. Wenn ich einen Sohn hätte, dann würde ich mir wünschen, er wäre so wie du. Ich liebe dich, mein Schatz.
Darlene Bertoldi: Wir kennen uns seit fünfundzwanzig Jahren, und wir haben viel zusammen erlebt. Inzwischen bist du erwachsen und hast selbst Kinder. Ich bin stolz auf dich und darauf, was du für eine wunderbare Mutter bist. Ich danke dir für die vielen Male, die du mir zugehört und mich getröstet hast. Ich liebe dich.
Lorenzo Franchina, mein Schwiegersohn: Manche Menschen treten erst spät in unser Leben, und dennoch hat man das Gefühl, sie gehörten schon immer dazu. Ich danke dir dafür, dass du ein so wunderbares Gedicht über mich geschrieben hast. Der einzige andere Mensch, der je

ein Gedicht über mich schrieb, war mein Vater – du befindest dich in bester Gesellschaft. Ich liebe dich.
Jennifer Pooley, meine Cheflektorin von HarperCollins, eine Frau mit Visionen: Wir sind uns sehr nahegekommen und haben uns viel über unser Leben erzählt, dafür bin ich dankbar. Ich danke dir, dass du an mich geglaubt hast. Ich wünsche dir immer nur das Beste, was das Leben dir zu bieten hat. Ich liebe dich.
Audrey Harris, meine Presseagentin von HarperCollins: Von Anfang an lagen dir meine Interessen sehr am Herzen. Vielen Dank für all die Termine und Veranstaltungen, die du für mich arrangiert hast; du hast deinen Job wirklich gut gemacht! Du hattest Geduld und hast Güte gezeigt – beides hat mir eine Menge bedeutet. Ich liebe dich.
Glenn Davish: Du hast so viel für mich getan, und ich kann gar nicht glauben, was ich für ein Glück gehabt habe. Ich danke dir für die wunderbare Zeit, die wir zusammen haben durften. Ich freue mich schon auf die Abenteuer, die zukünftig auf uns warten.
Tim Ousey: Vielen Dank, dass du den Kühlschrank mit all meinem Lieblingsessen gefüllt hast, und für die Schüssel mit Süßem – du denkst einfach an alles. Glenn hat Glück, dass du zu seinem Leben gehörst. Und ich habe Glück, dass ihr beide zu meinem gehört. Ich liebe euch.
Jon Cornick: Du wirst immer mein Ein und Alles sein. Ich liebe dich.
Sarah Self: Du hast eine erstaunliche Kette von Ereignissen in meinem Leben in Gang gesetzt. Vielen Dank – ich werde dich nie vergessen! Ich liebe dich.
Alexander, Julia, Isabella und Carmine, meine Enkel-

kinder, die so entzückend und liebevoll sind: Ich bete euch alle an und danke Gott für jeden von euch, den er in unsere Familie gesandt hat.

Bobbie Concetta, meine anbetungswürdige, lebenslustige Nichte: Ich weiß, dass Papa und Harold über dich wachen von dort drüben, so wie wir über dir wachen auf dieser Seite. Ich liebe dich so sehr, und das wird sich nie ändern.

Gianna, Julia, Nicolas, Shane, all die Kinder, die mich »Tante Con« nennen, was ich als großes Glück empfinde: Ich bitte Gott, euch zu beschützen und eure Träume in Erfüllung gehen zu lassen. Ich liebe euch alle so sehr.

Meine Verleger Carrie Kania und Michael Morrison: Ich werde euch immer dafür dankbar sein, dass ihr ja gesagt habt. Und mein Team bei HarperCollins – Cal Morgan, Jennifer Civiletto, Hope Innelli, Nicole Reardon, Jennifer Hart, Alberto Rojas, Carolyn Bodkin, Samantha Hagerbaumer, Dori Carlson, Justin Dodd und Melissa Bobotek: Euch allen werde ich immer dankbar sein für die harte Arbeit und dafür, dass ihr meine Bücher zur Welt gebracht habt. Ich liebe euch.

Meinen Klienten, die mir so viel über ihr Leben, ihre Familien und ihre Geschichten erzählt haben, bin ich auf ewig dankbar und werde es immer sein. Ich danke euch, dass ihr an mich geglaubt habt und ich euch wichtig bin. Ich verspreche euch, dass ihr mir auch immer wichtig sein werdet. Mit all meiner Liebe.